아버지학교 지침서

주님, 제가
아버지
입니다

김의식 엮음

쿰란출판사

추천사

　사랑하는 화곡동교회 아버지학교 12주간 교육을 마무리하면서 책을 만들었다. 이 얼마나 자랑스러운 일인가! 12주간의 교육을 마친 어머니들의 가정에서 앞으로 일어날 놀라운 일들을 상상하면 지금부터 가슴이 뛴다.
　가정에서 아버지가 얼마나 중요한 위치에 있는지는 누구나 잘 알고 있다. 1980년 미국 켄터키주립정신병원에서의 연구 조사에 의하면, 심리적 요인으로 인한 정신 장애인들 가운데 어머니와 더불어 아버지가 정신적으로 건강한 사람은 극히 드물었다. 다른 문제를 가지고 있다 해도 어머니와 더불어 아버지가 정신적으로 건강하게 자녀를 지켜주면 자녀들에겐 큰 문제가 없었다.
　인류 역사를 빛낸 수많은 위대한 인물들 뒤에는 훌륭한 어머니와 더불어 아버지가 있었다. 위대한 인물들은 하나님의 마음 즉 사랑의 마음을 지니려고 노력했던 사람들이다. 이들은 어디서 하나님의 마음을 배웠을까! 바로 그들의 아버지의 마음이다. 이 세상에서 하나님의 마음을 가장 선명하게 드러내주고 하나님의 마음과 가장 가까운 마음이 있다면, 그것은 곧 아버지의 마음이다. 그래서 가정에서 아버지의 사랑을 받은 사람은 누구나

Recommendation

하나님의 일을 이룩해 낼 수 있는 가능성을 지니고 있다.

 화곡동교회에서 이렇게 중요한 아버지의 마음에 뜨거운 불을 지피고자 12주간의 교육을 마쳤다. 교육 과정에서 나타난 귀한 열매들을 모아 의미 깊은 책자를 출판하게 되니 기쁜 마음 금할 수 없다.

 「주님, 제가 아버지입니다」. 제목만 보아도 마음이 뭉클해진다. 이 조그마한 시작이 화곡동교회의 불씨가 될 것이다. 이 아버지들이 시작한 불씨는 머지않아 불기둥, 구름기둥이 되어 화곡동교회 전 가정에 바람을 일으킬 것이고, 더 나아가서 다른 모든 교회의 가정에 신바람으로 이어질 것이다.

2007년 2월 1일
크리스천치유상담연구원
정태기 원장

머리말

화곡동교회에서 치유 목회를 시작한 지 7년째 접어들었습니다. 그동안 상담치유학교, 내적 치유 세미나, 치유동산, 부부행복동산, 홀로 서기 세미나 등 치유 프로그램들을 시도하면서 많은 심령들을 치유하며 가정이 회복되어가는 감격을 경험할 수 있었습니다.

그러던 중 2006년 들어 "주님, 제가 아버지입니다!"라는 주제로 '아버지학교'를 새롭게 시도하게 되었습니다. 그 이유는 평소에 아버지가 살아야 가정이 살고 가정이 살아야 교회가 살고, 교회가 살아야 민족이 살고, 민족이 살아야 세계가 산다는 비전이 있었기 때문입니다.

처음 시도하는 프로그램이라 힘들 때도 많이 있었습니다. 그러나 함께 기도하며 수고한 동역자들의 기도와 격려가 있었기에 12주 치유 프로그램을 완성했습니다. 그런데 기대 이상의 치유의 열매를 목격하면서 이 은혜를 우리만 누릴 수 없어 프로그램의 개요와 열매들을 묶어 책으로 출판할 계획을 갖게 되었습니다.

무엇보다 이 아버지학교를 위해 함께 고생한 주 안의 형제인

Preface

김동주, 김병호, 배철 목사님과 박진규 전도사님, 처음부터 아굴라와 브리스길라 부부처럼 치유 목회를 도와주신 전임 상담 치유부장 박영백 장로님과 김성순 권사님, 물심양면으로 도와주신 후임 상담 치유부장 황진웅 장로님과 김명자 집사님, 아버지학교 실장 신동선 집사님과, 그리고 첫 아버지학교를 위해 과감히 뛰어들어 수고하신 남기홍, 최지훈, 김송암 집사님, 주방에서 수고하신 김산록, 정명화 집사님, 어머니학교 1기 수료생들, 그리고 이 책이 나올 수 있도록 모든 원고를 다듬어주신 한용순 집사님과 마무리 수고를 해주신 전은혜 자매님, 끝으로 바쁘신 가운데에도 귀한 추천사를 써주신 크리스천치유상담연구원 정태기 원장님과, 늘 부족한 종을 위해 사랑으로 기도해 주시고 합심 합력해 주신 화곡동교회 온 교우들과 동역자들에게 마음속 깊은 감사와 사랑의 마음을 전합니다.

  부디 바라옵기는 이 조그만 책이 모든 교회들의 아버지학교의 적용과 이 땅의 모든 아버지들의 치유를 위해 조그마한 도움이라도 되기를 간절히 바라면서 이 책을 폅니다.

2007년 2월 1일
화곡동교회 담임목사 김의식

차례

추천사(정태기 원장)/2
머리말 /4

전체 일정표 /10
찬양 일정표 /11
진행안 /12
강의안 / 제1강 영성의 회복 · 24
　　　　　제2강 상한 마음의 치유 · 30
　　　　　제3강 행복한 인생 · 34
　　　　　제4강 축복의 회복 · 37
　　　　　제5강 아내와의 사랑 · 41
　　　　　제6강 부부(가족) 대화 · 44
　　　　　제7강 은혜로운 신앙생활 · 48
　　　　　제8강 신앙의 양육 · 51
　　　　　제9강 사랑의 치유 · 55
　　　　　제10강 사랑과 용서의 승리 · 58
　　　　　제11강 종말론적 봉사 생활 · 62
　　　　　제12강 남은 생애의 사명 · 65

Contents

발표문 /

1. 회개문 · 69

    주저앉기보다 무릎 꿇게 하소서 / 주님은 사랑이시라 /
    광야의 은혜, 광야의 소망 / 회개는 생의 터닝포인트

2. 부모님 회고문 · 79

    아버지를 닮았네요 / 나의 갈 길 다가도록 / 사랑의 결단 /
    장모님의 기도

3. 부모님께 쓰는 편지 · 93

    마음으로 읽어주세요 / 마르지 않는 사랑 / 다시 불러 보
    고픈 울 엄니 / 이제야 움트는 사랑 / 답장을 기다립니다

4. 나의 아내 칭찬할 점 · 105

5. 아내가 좋아하고 싫어하는 10가지 · 115

차례

6. 아내에게 보내는 편지 · 125
   다시 태어나도 당신만을 / 그대 있음에 / 코스모스 속의 소녀에게 / 인생의 소중한 것 / 미안하오, 사랑하오 / 억새 바람 속의 당신 모습

7. 자녀에게 감사할 점 · 139

8. 자녀에게 편지 쓰기 · 151
   네가 있어 더 아름다운 세상 / 사랑이 사랑을 낳은 감사 / 아빠의 고백 / 네 도전이 자랑스럽다

9. 동료에게 편지 쓰기 · 161
   사랑을 회복합시다 / 당신이 스승입니다 / 아픔까지 사랑하고 싶지만 / 보고 싶다, 친구야

Contents

10. 아버지학교 간증문 · 175

    아버지학교에서 배운 소중한 것 / 합력하여 이루어진 선 / 주님! 증인이 되겠습니다 / 가장 좋은 아버지로 만들어주세요

11. 아버지학교 평가문 · 187

    우리 아빠 / 아빠는 멋쟁이 / 아빠가 달라졌어요! / 당신이 아름다워요 / 아버지학교가 일군 가정의 변화

* 아버지 선언문 · 201

전체 일정표

제1기 아버지학교　　　　　　　　　　　　　　　　　　　　**학곡동교회**

날짜	비디오	강의 주제	인물	특별 활동	활동 과제
2005 9/6	MBC "사과나무" 2005. 1. 29	1. 영성의 회복	아담	조별 자기 소개, 조 이름 작성	1. 경건의 시간 2. 당신의 자아상을 체크해 보세요 3. 아내에게 사랑 표현하기 4. 자녀에게 사랑 표현하기
13	2005. 2. 26	2. 상한 마음의 치유	아담		부모님께 사랑의 편지 쓰기
20	2005. 4. 9	3. 행복한 인생	하박국		한 주에 한 번씩 가족의 시간 갖기
27	2004. 11. 20	4. 축복의 회복	아브라함		회개문 쓰기
10/4	2004. 11. 27	5. 아내와의 사랑	다윗		아내에 대해 칭찬할 것 20가지 쓰기
11	2005. 2. 12	6. 부부(가족) 대화	마노아		1. 부부(가족) 대화 실습 2. 아내가 제일 좋아하는 것 10가지 쓰기 3. 아내가 제일 싫어하는 것 10가지 쓰기 4. 경건의 시간
18	2005. 7. 6	7. 은혜로운 신앙생활	아굴라		아내에게 사랑의 편지 쓰기
11/1	2005. 5. 11	8. 신앙의 양육	사무엘의 부모		1. 자녀에 대해 감사할 것 20가지 쓰기 2. 경건의 시간
8	2004. 10. 30	9. 사랑의 치유	디모데		1. 사랑하는 자녀에게 편지 쓰기 2. 매주 토요일 저녁 7시 SBS "우리 아이가 달라졌어요" 시청하기 3. 경건의 시간
15	KBS "TV는 사랑을 싣고" 2005. 7. 12	10. 사랑과 용서의 승리	다윗과 요나단		1. 직장(교회) 동료에게 사랑과 용서의 글쓰기 2. 경건의 시간
22	MBC "사과나무" 2005. 4. 16	11. 종말론적 봉사 생활	베드로		1. 아버지학교 간증문 쓰기 2. 경건의 시간
26	2005. 6. 8	12. 남은 생애의 사명	이사야		1. 리유니온 모임까지 받은 은혜 간직하기 2. 매일 경건의 시간 계속 갖기

찬양 일정표

날짜	강의 주제	인물	찬양	
9/6	1. 영성의 회복	아담	*힘들고 지쳐(주제가) *오 나의 자비로운 주여 *나의 안에 거하라	*일어나 걸으라 *사랑합니다 나의 예수님
13	2. 상한 마음의 치유	아담	*주님과 같이 *주께 가오니 *주는 평화	*하나님의 사랑을 사모하는 자 *힘들고 지쳐(주제가)
20	3. 행복한 인생	하박국	*당신은 사랑받기 위해 태어난 사람 *하나님 한번도 나를	*나 주님의 기쁨 되기 원하네 *아무것도 두려워 말라 *힘들고 지쳐(주제가)
27	4. 축복의 회복	아브라함	*하나님은 너를 지키시는 자 *감사해요 깨닫지 못했었는데 *세상 일에 실패했어도	*왜 나만 겪는 고난이냐고 *힘들고 지쳐(주제가)
10/4	5. 아내와의 사랑	다윗	*나는 행복해요 *내가 먼저 *눈으로 사랑을	*내 평생 사는 동안 *힘들고 지쳐(주제가)
11	6. 부부(가족) 대화	마노아	*거룩하신 하나님 *날 구원하신 주 감사 *날마다 숨 쉬는 순간마다	*사랑의 종소리 *힘들고 지쳐(주제가)
18	7. 은혜로운 신앙생활	아굴라	*사람을 보며 세상을 볼 땐 *일어나 걸으라	*변찮은 주님의 사랑과 *힘들고 지쳐(주제가)
11/1	8. 신앙의 양육	사무엘	*너의 가는 길에 *기도하세요 지금 *마음이 지쳐서	*아무것도 두려워 말라 *힘들고 지쳐(주제가)
8	9. 사랑의 치유	디모데	*낮엔 해처럼 *나의 힘이 되신 여호와여 *찬양이 언제나 넘치면	*평안을 너에게 주노라 *힘들고 지쳐(주제가)
15	10. 사랑과 용서의 승리	다윗과 요나단	*아주 먼 옛날 *너는 시냇가에 *주 안에 우린 하나	*나 어느 날 괴로워서 *힘들고 지쳐(주제가)
22	11. 종말론적 봉사 생활	베드로	*하나님의 나팔소리(찬 168장) *잠시 세상에 내가 살면서(찬 544장) *여기에 모인 우리	*죄악에 썩은 *힘들고 지쳐(주제가)
26	12. 남은 생애의 사명	이사야	*내 마음에 주를 향한 사랑이 *비바람이 앞길 막아도	*주를 향한 나의 사랑을 *주님 내가 여기 있사오니 *힘들고 지쳐(주제가)
		성찬식	*갈보리 십자가의(치유3) *예수 나를 위하여 (찬 144장)	*아무 흠도 없고(찬 281장)
		세족식	*내게 있는 향유 옥합 (앞에 선다) *예수 사랑 나의 사랑 (발목 잡고 기도) *정결한 맘 주시옵소서(세족)	*갈릴리 호숫가에서 (일어나 허그) *사랑합니다 나를 자녀 (교대)

제1기 아버지학교 진행안 (1)

화곡동교회 2005년 9월 6일

주제	영성의 회복	강사 : 김의식 목사
시간	주요 진행 사항	준비 사항
18:00-19:00	준비 및 기도회	* 테이블 세팅 * 프로젝트 * 간식, 차 * 명찰, 강의안, 화일
19:00-19:20	점검 및 안내	* 섬김이 입구 대기 * 조장 테이블 안내
19:20-19:50	찬양	* 찬양팀
19:50-20:20	저녁 식사	
20:20-20:40	환영 및 스태프 소개	* 조별 자기 소개 * 조 이름 작성
20:40-21:00	비디오 상영	
21:00-21:30	그룹 성경 공부	
21:30-21:50	나눔의 시간	
21:50-22:00	광고 및 조별 마무리	

제1기 아버지학교 진행안 (2)

화곡동교회   2005년 9월 13일

주제	영성의 회복	강사 : 김의식 목사
시간	주요 진행 사항	준비 사항
19:00-19:20	준비 및 기도회	* 찬양팀
19:20-19:50	찬양	
19:50-20:20	저녁 식사	
20:20-20:40	나눔의 시간	* 지난주 과제
20:40-21:00	비디오 상영	
21:00-21:30	그룹 성경 공부	
21:30-21:50	나눔의 시간	
21:50-22:00	광고 및 조별 마무리	

제1기 아버지학교 진행안 (3)

학곡동교회 2005년 9월 20일

주제	영성의 회복	강사 : 김의식 목사
시간	주요 진행 사항	준비 사항
19:00-19:20	준비 및 기도회	* 찬양팀
19:20-19:50	찬양	
19:50-20:20	저녁 식사	
20:20-20:40	나눔의 시간	* 지난주 과제
20:40-21:00	비디오 상영	
21:00-21:30	그룹 성경 공부	
21:30-21:50	나눔의 시간	
21:50-22:00	광고 및 조별 마무리	

제1기 아버지학교 진행안 (4)

화곡동교회   2005년 9월 13일

주제	영성의 회복	강사 : 김의식 목사
시간	진행 사항	준비 사항
19:00-19:20	준비 및 기도회	* 스태프(리더, 조장, 섬김이) * 조원 * 프로그램 위한 기도 및 점검
19:20-19:50	찬양	* 찬양팀
19:50-20:20	저녁 식사	
20:20-20:40	나눔의 시간 I	* 지난주 과제
20:40-21:00	비디오 상영	
21:00-21:30	그룹 성경 공부	
21:30-21:50	나눔의 시간 II	* 이번 주 교안
21:50-22:00	광고 및 조별 마무리	

제1기 아버지학교 진행안 (5)

화곡동교회   2005년 10월 4일

주제	영성의 회복	강사 : 김의식 목사
시간	진행 사항	준비 사항
19:00-19:20	준비 및 기도회	* 스태프(리더, 조장, 섬김이) * 조원 * 프로그램 위한 기도 및 점검
19:20-19:50	찬양	* 찬양팀
19:50-20:20	저녁 식사	
20:20-20:40	나눔의 시간 I	* 지난주 과제
20:40-21:00	비디오 상영	
21:00-21:30	그룹 성경 공부	
21:30-21:50	나눔의 시간 II	* 이번 주 교안
21:50-22:00	광고 및 조별 마무리	

제1기 아버지학교 진행안 (6)

학곡동교회 2005년 10월 11일

주제	영성의 회복	강사 : 김의식 목사
시간	진행 사항	준비 사항
19:00-19:20	준비 및 기도회	* 스태프(리더, 조장, 섬김이) * 조원 * 프로그램 위한 기도 및 점검
19:20-19:50	찬양	* 찬양팀
19:50-20:20	저녁 식사	
20:20-20:40	나눔의 시간 I	* 아내 칭찬할 점 20가지
20:40-21:00	비디오 상영	
21:00-21:30	그룹 성경 공부	
21:30-21:50	나눔의 시간 II	* 이번 주 교안
21:50-22:00	광고 및 조별 마무리	

제1기 아버지학교 진행안 (7)

화곡동교회 2005년 10월 18일

주제	영성의 회복	강사 : 김의식 목사
시간	진행 사항	준비 사항
19:00-19:20	준비 및 기도회	* 스태프(리더, 조장, 섬김이) * 조원 * 프로그램 위한 기도 및 점검
19:20-19:50	찬양	* 찬양팀
19:50-20:20	저녁 식사	
20:20-20:40	나눔의 시간 I	* 부부(가족) 대화 실습 보고 * 아내가 가장 좋아하는 것 10가지 * 아내가 가장 싫어하는 것 10가지
20:40-21:00	비디오 상영	
21:00-21:30	그룹 성경 공부	
21:30-21:50	나눔의 시간 II	* 이번 주 교안
21:50-22:00	광고 및 조별 마무리	

제1기 아버지학교 진행안 (8)

화곡동교회　　　　　　　　　　　　　　　2005년 11월 1일

주제	영성의 회복	강사 : 김의식 목사
시간	진행 사항	준비 사항
19:00-19:20	준비 및 기도회	* 스태프(리더, 조장, 섬김이) * 조원 * 프로그램 위한 기도 및 점검
19:20-19:50	찬양	* 찬양팀
19:50-20:20	저녁 식사	
20:20-20:40	나눔의 시간 I	* 아내에게 사랑의 편지 쓰기
20:40-21:00	비디오 상영	
21:00-21:30	그룹 성경 공부	
21:30-21:50	나눔의 시간 II	* 이번 주 교안
21:50-22:00	광고 및 조별 마무리	

제1기 아버지학교 진행안 (9)

학곡동교회   2005년 11월 8일

주제	영성의 회복	강사 : 김의식 목사
시간	진행 사항	준비 사항
19:00-19:20	준비 및 기도회	* 스태프(리더, 조장, 섬김이) * 조원 * 프로그램 위한 기도 및 점검
19:20-19:50	찬양	* 찬양팀
19:50-20:20	저녁 식사	
20:20-20:40	나눔의 시간 I	* 자녀에 대해 감사할 것 20가지
20:40-21:00	비디오 상영	
21:00-21:30	그룹 성경 공부	
21:30-21:50	나눔의 시간 II	* 이번 주 교안
21:50-22:00	광고 및 조별 마무리	

제1기 아버지학교 진행안 (10)

학곡동교회 2005년 11월 15일

주제	영성의 회복	강사 : 김의식 목사
시간	진행 사항	준비 사항
19:00-19:20	준비 및 기도회	* 스태프(리더, 조장, 섬김이) * 조원 * 프로그램 위한 기도 및 점검
19:20-19:50	찬양	* 찬양팀
19:50-20:20	저녁 식사	
20:20-20:40	나눔의 시간 Ⅰ	* 사랑하는 자녀에게 편지 쓰기 * 매주 토요일 저녁 7시 SBS "우리 아이가 달라졌어요" 시청하기
20:40-21:00	비디오 상영	
21:00-21:30	그룹 성경 공부	
21:30-21:50	나눔의 시간 Ⅱ	* 이번 주 교안
21:50-22:00	광고 및 조별 마무리	

제1기 아버지학교 진행안 (11)

화곡동교회 2005년 11월 22일

주제	영성의 회복	강사 : 김의식 목사
시간	진행 사항	준비 사항
19:00-19:20	준비 및 기도회	* 스태프(리더, 조장, 섬김이) * 조원 * 프로그램 위한 기도 및 점검
19:20-19:50	찬양	* 찬양팀
19:50-20:20	저녁 식사	
20:20-20:40	나눔의 시간 I	* 직장(교회) 동료에게 사랑과 용서의 글쓰기
20:40-21:00	비디오 상영	
21:00-21:30	그룹 성경 공부	
21:30-21:50	나눔의 시간 II	* 이번 주 교안
21:50-22:00	광고 및 조별 마무리	

제1기 아버지학교 진행안 (12)

화곡동교회   2005년 11월 26일

주 제	영성의 회복	강사 : 김의식 목사
시 간	진행 사항	준비 사항
15:00-16:00	준비 및 기도회	* 스태프(리더, 조장, 섬김이) * 조원 * 프로그램 위한 기도 및 점검
16:00-16:20	찬양	* 찬양팀
16:20-16:40	비디오 상영	
16:40-17:10	그룹 성경 공부	
17:10-17:50	성찬식 & 세족식	* 찬양 & 율동 * 전체 허그
17:50-18:20	나눔의 시간	* 아버지학교 간증문 발표 * 아내 간증의 시간
18:20-19:20	저녁 식사	
19:20-20:00	광고 및 조별 마무리	* 사진 촬영

제1강

제1강 영성의 회복
아담(창 3:1-19)

1. 아담의 가정의 불행의 근본적인 원인은 무엇이었을까요?

"선악을 알게 하는 나무의 실과는 먹지 말라 네가 먹는 날에는 정녕 죽으리라 하시니라"(2:17).

(1) 말씀의 왜곡

"여호와 하나님의 지으신 들짐승 중에 뱀이 가장 간교하더라 뱀이 여자에게 물어 가로되 하나님이 참으로 너희더러 동산 모든 나무의 실과를 먹지 말라 하시더냐"(3:1).

(2) 말씀의 첨가

"동산 중앙에 있는 나무의 실과는 하나님의 말씀에 너희는 먹지도 말고 만지지도 말라"(3:3상).

(3) 말씀의 의심

"너희가 죽을까 하노라 하셨느니라"(3:3하).

(4) 말씀의 부정

"뱀이 여자에게 이르되 너희가 결코 죽지 아니하리라 너희가 그것을

강의안

먹는 날에는 너희 눈이 밝아 하나님과 같이 되어 선악을 알 줄을 하나님이 아심이니라"(3:4-5).

2. 아담은 자신의 범죄에 어떻게 대응했나요?

"여호와 하나님이 아담에게서 취하신 그 갈빗대로 여자를 만드시고 그를 아담에게로 이끌어 오시니 아담이 가로되 이는 내 뼈 중의 뼈요 살 중의 살이라 이것을 남자에게서 취하였은즉 여자라 칭하리라 하니라"(2:22-23).

"아담이 가로되 하나님이 주셔서 나와 함께하게 하신 여자 그가 그 나무 실과를 내게 주므로 내가 먹었나이다"(3:12).

3. 그러한 아담에게 하나님께서 어떻게 심판하셨나요?

"아담에게 이르시되 네가 네 아내의 말을 듣고 내가 너더러 먹지 말라 한 나무 실과를 먹었은즉 땅은 너로 인하여 저주를 받고 너는 종신토록 수고하여야 그 소산을 먹으리라 땅이 네게 가시덤불과 엉겅퀴를 낼 것이라 너의 먹을 것은 밭의 채소인즉 네가 얼굴에 땀이 흘려야 식물을 먹고 필경은 흙으로 돌아가리니 그 속에서 네가 취함을 입었음이라 너는 흙이니 흙으로 돌아갈 것이니라 하시니라"(3:17-19).

4. 우리 가정의 근본적인 문제의 원인이 어디에 있다고 생각하나요?

5. 우리의 진정한 영성을 어떻게 회복해야 할까요?
(1) 하나님과의 관계 :

(2) 아내와의 관계 :

(3) 자녀와의 관계 :

당신의 자아상을 체크해 보세요!

※ 다음의 방법으로 답해보세요.

결코 : 가   가끔 : 나   자주 : 다   항상 : 바

1. 나는 위기 상황을 비교적 쉽게 다룬다. (   )
2. 나는 다른 사람보다는 나 자신을 신뢰한다. (   )
3. 나는 나로서 충분하다. (   )
4. 나는 하나님을 첫째로 섬기며 도움의 실질적 근원으로 여긴다. (   )
5. 나는 과거나 미래에 대한 걱정을 하지 않고 편안하게 생각한다. (   )
6. 나는 정이 많은 편이고 내 감정을 나타내는 것이 두렵지 않다. (   )
7. 나는 칭찬을 자연스럽게 받아들일 수 있다. (   )
8. 나는 자신을 책망하는 느낌을 거부한다. (   )
9. 나는 나의 불완전함이 아닌 내 자신에게 그 책임이 있음을 믿는다. (   )
10. 나는 다른 사람의 기대에 따르기보다는 내가 옳다고 믿는 일을 한다. (   )
11. 나는 내가 믿는 것을 고수한다. (   )
12. 나는 다른 사람의 세밀한 필요에 민감하다. (   )
13. 나는 다른 사람들을 위한 일을 하는 것이 좋다. (   )
14. 나는 뜻있는 활동에 적극적으로 참여한다. (   )
15. 나는 부정적인 상황에서도 긍정적인 점을 찾으려고 한다. (   )
16. 나는 정신을 집중하면 대부분 어떤 일이든 할 수 있다. (   )

17. 나는 긍정적인 방법으로 좌절과 맞설 수 있다.(   )
18. 나는 자신이 소중하다고 느낀다.(   )
19. 나는 평안한 마음을 갖고 있다.(   )
20. 나는 다른 사람들을 액면 그대로 받아들인다.(   )

※ 각 반응을 다음과 같이 계산해 보세요.

가 : 0   나 : 1   다 : 2   바 : 3

점수	당신은
60-50	당신은 자신을 기만하고 있을지도 모르는 강한 자아의 조짐이 보입니다.
50-35	당신은 균형이 있고 자존감에 대해 현실적인 감각을 갖고 있어요.
35-25	당신은 자기 가치 의식과 불안정성이 반반 정도인데 향상시킬 필요가 있어요. 낮게 매겨진 점수의 항목 중 자아 개념 분야를 높이는 데 집중해 보세요.
25-15	당신의 자존감을 부추길 필요가 있네요. 당신 자신을 억누르는 부정적인 모든 것들을 제거시킬 필요가 있어요.
15-0	당신 자신을 끊임없이 부추겨 세울 필요가 있어요. 지금 당신의 문제로부터 빠져 나오는 것이 시급해 보여요.

과제

1. 경건의 시간

2. 당신의 자아상을 체크해 보세요.

3. 아내에게 사랑 표현하기
   (축복 기도, 칭찬, 허그, **뽀뽀**, 외식, 선물)

4. 자녀에게 사랑 표현하기
   (축복 기도, 칭찬, 허그, **뽀뽀**, 외식, 선물)

제2강

제2강 상한 마음의 치유
아담(창 3:6-13)

1. "주님, 제가 아버지입니다!"라고 고백했을 때의 첫 느낌은 어떠했나요?

2. 내 마음속의 상처의 감정은 무엇인가요?
(1) 수치심
"이에 그들의 눈이 밝아 자기들의 몸이 벗은 줄을 알고 무화과나무 잎을 엮어 치마를 하였더라"(3:7).

(2) 죄책감
"그들이 날이 서늘할 때에 동산에 거니시는 여호와 하나님의 음성을 듣고 아담과 그 아내가 여호와 하나님의 낯을 피하여 동산 나무 사이에 숨은지라"(3:8).

(3) 두려움
"가로되 내가 동산에서 하나님의 소리를 듣고 내가 벗었으므로 두려워하여 숨었나이다"(3:10).

강의안

(4) 분노 / 책임 전가

"아담이 가로되 하나님이 주셔서 나와 함께하게 하신 여자 그가 그 나무 실과를 내게 주므로 내가 먹었나이다 여호와 하나님이 여자에게 이르시되 네가 어찌하여 이렇게 하였느냐 여자가 가로되 뱀이 나를 꾀므로 내가 먹었나이다"(3:12-13).

3. 아버지(어머니)에 대한 기억이 어떠한가요?

(1) 좋아했던 모습

(2) 싫어했던 모습

4. 아버지(어머니)에 대해 제일 바랐던 것이 무엇인가?

5. 과거의 상처가 현재의 내 가족들에게 어떤 영향을 미치고 있나요?

(1) 부모님과의 관계

(2) 아내와의 관계

(3) 자녀와의 관계

6. 아버지학교에서 어떻게 치유받길 원하나요? 내가 구체적으로 할 수 있는 일은 무엇일까요?

"너희는 모든 악독과 노함과 분냄과 떠드는 것과 훼방하는 것을 모든 악의와 함께 버리고 서로 인자하게 하며 불쌍히 여기며 서로 용서하기를 하나님이 그리스도 안에서 너희를 용서하심과 같이 하라"(엡 4:31-32).

과제

1. 경건의 시간

2. 내적 치유
(1) 나의 가장 큰 상처의 기억은 무엇인가?

(2) 언제, 어떻게 해서 생겨났는가?

(3) 그때 어떻게 대응했는가?

(4) 그 상처를 준 사람이 지금 내 앞에 있다면 어떻게 할 것인가?

(5) 내 감정이 아닌 주님의 사랑으로 용서할 수 있는가?

3. 부모님께 사랑의 편지 쓰기

제3강

제3강 행복한 인생
하박국(합 3:17-19)

1. 하박국 선지자의 없는 것은 무엇이며, 우리의 없는 것은 무엇인가요?

"비록 무화과나무가 무성치 못하며 포도나무에 열매가 없으며 감람나무에 소출이 없으며 밭에 식물이 없으며 우리에 양이 없으며 외양간에 소가 없을지라도"(3:17).

2. 하박국 선지자의 있는 것은 무엇이며, 우리의 삶 가운데 있는 것은 무엇인가요? 우리는 그것으로 인해 행복한가요?

"나는 여호와를 인하여 즐거워하며 나의 구원의 하나님을 인하여 기뻐하리로다"(3:18).

3. 무엇으로부터 인생의 힘을 얻어야 할까요? 서로의 간증을 해 봅시다.

"주 여호와는 나의 힘이시라 나의 발을 사슴과 같게 하사 나로 나의 높은 곳에 다니게 하시리로다 이 노래는 영장을 위하여 내 수금에 맞춘 것이니라"(3:19).

강의안

4. 행복한 인생의 비결을 점검해 봅시다(행복 십계명).

(잘하고 있음 : 10점, 보통 : 5점, 못하고 있음 : 0점)

(1) 하나님 앞에서 죄악 된 삶을 버리라(롬 4:6-8).

(2) 고난 속에서 하나님의 뜻을 발견하라(시 119:67, 71).

(3) 현실을 있는 그대로 수용하라(고후 10:12-13).

(4) 감사의 조건을 발견하라(살전 5:18).

(5) 단조로운 삶조차 즐기라(빌 4:4-7).

(6) 스트레스를 거부하라(고후 4:7-11).

(7) 행복하게 하는 것들을 찾으라(고후 6:8-10).

(8) 남들에게 사랑을 베풀라(눅 6:38).

(9) 주님 앞에서 자신의 사명을 발견하라(행 20:24).

(10) 장래의 계획을 세우라(잠 29:18).

총 _____ 점

과제

1. 경건의 시간

2. 한 주에 한 번씩 가족의 시간(Family Time) 갖기

제4강

제4강 축복의 회복
아브라함(창 12:1-4)

1. 현재 우리의 직장(사업) 문화의 문제점은 무엇인가요?

2. 우리의 떠나야 할 삶이 무엇인가요?

"여호와께서 아브람에게 이르시되 너는 너의 본토 친척 아비 집을 떠나"(12:1상).

"너희는 유혹의 욕심을 따라 썩어져 가는 구습을 좇는 옛 사람을 벗어 버리고"(엡 4:22).

3. 우리가 나아가야 할 삶이 무엇인가요?

"내가 네게 지시할 땅으로 가라"(12:1하).

"오직 심령으로 새롭게 되어 하나님을 따라 의와 진리의 거룩함으로 지으심을 받은 새사람을 입으라"(엡 4:23-24).

4. 복의 근원이 되기 위해 어떻게 해야 할까요?

"이에 아브람이 여호와의 말씀을 좇아 갔고 롯도 그와 함께 갔으며 아브람이 하란을 떠날 때에 그 나이 칠십오 세였더라"(12:4).

"복 있는 사람은 악인의 꾀를 좇지 아니하며 죄인의 길에 서지 아니하며 오만한 자의 자리에 앉지 아니하고 오직 여호와의 율법을 즐거워하여 그 율법을 주야로 묵상하는 자로다 저는 시냇가에 심은 나무가 시절을 좇아 과실을 맺으며 그 잎사귀가 마르지 아니함 같으니 그 행사가 다 형통하리로다"(시 1:1-3).

5. 축복된 삶의 비결을 점검해 봅시다(축복 십계명).

(잘하고 있음 : 10점, 보통 : 5점, 못하고 있음 : 0점)

(1) 죄악 된 삶을 버리라(시 1:1-3).

(2) 하나님의 말씀대로 행하라(신 28:1-6).

(3) 온전한 십일조 생활을 하라(말 3:7-10).

(4) 온 가족이 하나님을 경외하며 섬기라(시 128:1-6).

(5) 하나님의 나라와 의를 구하라(마 6:25-33).

(6) 하나님의 복을 구하라(마 7:7-11).

(7) 모든 필요를 채워주실 것을 믿으라(빌 4:11-13, 19).

(8) 이웃에게 베푸는 삶을 살라(눅 6:38).

(9) 착하고 충성되게 살라(마 25:20-23).

(10) 선한 청지기의 삶을 살라(벧전 4:9-11).

총 _____ 점

● 과제 ●

1. 경건의 시간(잠 15-21장)
(1) 읽기(Reading) : 마음에 와 닿는 말씀 찾기

(2) 묵상(Meditation) : 말씀을 주신 이유(의미) 찾기

(3) 기도(Prayer) : 말씀을 실천할 수 있도록 도움 구함

(4) 관상(Contemplation) : 말씀의 은혜 가운데 머묾

2. 회개문 쓰기

제5강

제5강 아내와의 사랑
다윗(삼하 11:1-5)

1. 우리는 주어진 일에 충실하고 있나요?

"해가 돌아와서 왕들의 출전할 때가 되매 다윗이 요압과 그 신복과 온 이스라엘 군대를 보내니 저희가 암몬 자손을 멸하고 랍바를 에워쌌고 다윗은 예루살렘에 그대로 있으니라"(11:1).

2. 매일 경건의 시간을 가지고 있나요?

"저녁때에 다윗이 그 침상에서 일어나 왕궁 지붕 위에서 거닐다가 그곳에서 보니 한 여인이 목욕을 하는데 심히 아름다워 보이는지라"(11:2).

3. 육신의 유혹을 피하고 있나요?

"다윗이 보내어 그 여인을 알아보게 하였더니 고하되 그는 엘리암의 딸이요 헷 사람 우리아의 아내 밧세바가 아니니이까 다윗이 사자를 보내어 저를 자기에게로 데려오게 하고 저가 그 부정함을 깨끗게 하였으므로 더불어 동침하매 저가 자기 집으로 돌아가니라"(11:3-4).

"음행을 피하라 사람이 범하는 죄마다 몸 밖에 있거니와 음행하는 자는 자기 몸에게 죄를 범하느니라"(고전 6:18).

"또한 네가 청년의 정욕을 피하고 주를 깨끗한 마음으로 부르는 자들과 함께 의와 믿음과 사랑과 화평을 좇으라"(딤후 2:22).

4. 나는 몇 점짜리 남편인가요?
(1) 아내를 위해 기도하는가?
(2) 말씀으로 위로하고 격려하는가?
(3) 삶의 본을 보이고 있는가?
(4) 함께 신앙생활을 잘하고 있는가?
(5) 함께 봉사를 하고 있는가?
(6) 평소에 사랑을 잘 베푸는가?
(7) 성생활에 충실한가?
(8) 불평, 불만을 절제하는가?
(9) 아내가 원하는 것을 들어주는가?
(10) 아내가 싫어하는 것을 안하는가?
(11) 다른 사람들 앞에서 아내를 칭찬하는가?
(12) 아내의 상처를 치유해 주었는가?
(13) 경제적으로 필요를 채워 주는가?
(14) 처가 부모님에게 효도를 다하는가?
(15) 처가 형제들과 친밀하게 지내는가?
(16) 자녀들을 위해 매일 기도하는가?
(17) 자녀들을 말씀으로 양육하는가?
(18) 자녀들에게 신앙의 모범이 되는가?
(19) 자녀들에게 상처를 주고 있지 않은가?

(20) 하나님 앞에서 부끄러움 없는 남편이요 아버지인가?

$$\text{문항 수} \times 5\text{점} = \text{합계} \underline{\qquad}\text{점}$$

과제

1. 경건의 시간

2. 아내에 대해 칭찬(감사)할 것 20가지 쓰기

제6강

제6강 부부(가족) 대화
마노아(삿 13:2-25)

1. 아내와 하나님과의 대화를 잘하고 있는가요?

"여호와의 사자가 그 여인에게 나타나시고 그에게 이르시되 보라 네가 본래 잉태하지 못하므로 생산치 못하였으나 이제 잉태하여 아들을 낳으리니"(13:3).

"여인이 밭에 앉았을 때에 하나님의 사자가 다시 그에게 임하셨으나 그 남편 마노아는 함께 있지 아니한지라"(13:9하).

2. 나는 아내와의 대화를 잘하고 있는가요?

"이에 그 여인이 가서 그 남편에게 고하여 가로되 하나님의 사람이 내게 임하였는데 그 용모가 하나님의 사자의 용모 같아서 심히 두려우므로 어디서부터 온 것을 내가 묻지 못하였고 그도 자기 이름을 내게 이르지 아니하였으며"(13:6).

"여인이 급히 달려가서 그 남편에게 고하여 가로되 보소서 전일에 내게 임하였던 사람이 또 내게 나타났나이다"(13:10).

강의안

3. 나는 하나님과의 대화를 잘하고 있나요?

"마노아가 여호와께 기도하여 가로되 주여 구하옵나니 주의 보내셨던 하나님의 사람을 우리에게 다시 임하게 하사 그로 우리가 그 낳을 아이에게 어떻게 행할 것을 우리에게 가르치게 하소서 하나님이 마노아의 목소리를 들으시니라"(13:8-9상).

"마노아가 일어나 아내를 따라가서 그 사람에게 이르러 그에게 묻되 당신이 이 여인에게 말씀하신 사람이니이까 가라사대 그로라"(13:11).

4. 부부(가족) 대화를 어떻게 해야 할까요?
(1) 시간

(2) 장소

(3) 방법 : 보상 기법

남편 ⇄ 아내	아들 ⇄ 부모	아버지 ⇄ 자녀
1) · ·	· ·	· ·
2) · ·	· ·	· ·
3) · ·	· ·	· ·
4) · ·	· ·	· ·
5) · ·	· ·	· ·

(4) 내용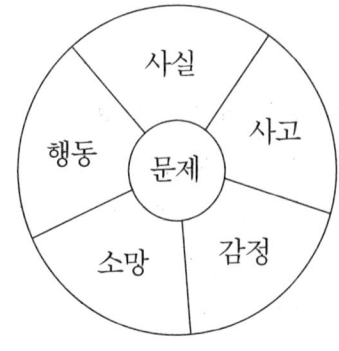

(5) 마무리

※ 우리 부부(가족) 대화의 문제점은 무엇이며 어떻게 개선해야 할까요?

과제

1. 경건의 시간

2. 부부(가족) 대화 실습

3. 아내가 제일 좋아하는 것 10가지 쓰기

4. 아내가 제일 싫어하는 것 10가지 쓰기

제7강

제7강 은혜로운 신앙생활
아굴라(행 18:1-4, 24-28)

1. 부부가 함께 봉사하고 있나요?

"아굴라라 하는 본도에서 난 유대인 하나를 만나니 글라우디오가 모든 유대인을 명하여 로마에서 떠나라 한 고로 그가 그 아내 브리스길라와 함께 이달리야로부터 새로 온지라 바울이 그들에게 가매 업이 같으므로 함께 거하여 일을 하니 그 업은 장막을 만드는 것이더라"(18:2-3)

"바울은 더 여러 날 유하다가 형제들을 작별하고 배 타고 수리아로 떠나갈새 브리스길라와 아굴라도 함께하더라 바울이 일찍 서원이 있으므로 겐그레아에서 머리를 깎았더라"(18:18).

2. 주의 종의 부족함을 채워주고 있나요?

"알렉산드리아에서 난 아볼로라 하는 유대인이 에베소에 이르니 이 사람은 학문이 많고 성경에 능한 자라 그가 일찍 주의 도를 배워 열심으로 예수에 관한 것을 자세히 말하며 가르치나 요한의 세례만 알 따름이라 그가 회당에서 담대히 말하기를 시작하거늘 브리스길라와 아굴라가 듣고 데려다가 하나님의 도를 더 자세히 풀어 이르더라"(18:24-26).

강의안

3. 교회의 인정을 받고 있나요?

"너희가 그리스도 예수 안에서 나의 동역자들인 브리스가와 아굴라에게 문안하라 저희는 내 목숨을 위하여 자기의 목이라도 내어 놓았나니 나뿐 아니라 이방인의 모든 교회도 저희에게 감사하느니라"(롬 16:3-4).

4. 은혜로운 신앙생활의 비결은 무엇일까요?(신앙생활 십계명)

(잘하고 있음 : 10점, 보통 : 5점, 못하고 있음 : 0점)

(1) 주님만 바라보라(히 12:1-2).

(2) 은혜로만 받아들이라(고전 15:10).

(3) 은혜로운 말만 하라(엡 4:29).

(4) 형제의 사랑으로 섬기라(요 13:34-35).

(5) 긍정적이고 적극적이고 미래 지향적으로 행하라(민 14:6-9).

(6) 선한 청지기같이 봉사하라(벧전 4:9-10).

(7) 주의 종과 합력하라(히 13:17).

(8) 모든 책임은 내가 지라(욘 1:12).

(9) 죽도록 충성하라(계 2:10).

(10) 주님의 영광만 드러내라(고전 10:31).

총 _____ 점

과제

1. 경건의 시간

2. 아내에게 사랑의 편지 쓰기

제8강

제8강 신앙의 양육
사무엘의 부모(삼상 1:1-28)

1. 우리는 얼마나 기도하는 부모인가요?(1:10-18)

(1) 통곡 기도

"한나가 마음이 괴로워서 여호와께 기도하고 통곡하며"(1:10).

(2) 서원 기도

"서원하여 가로되 만군의 여호와여 만일 주의 여종의 고통을 돌아보시고 나를 생각하시고 주의 여종을 잊지 아니하사 아들을 주시면 내가 그의 평생에 그를 여호와께 드리고 삭도를 그 머리에 대지 아니하겠나이다"(1:11).

(3) 침묵 기도

"그가 여호와 앞에 오래 기도하는 동안에 엘리가 그의 입을 주목한 즉 한나가 속으로 말하매 입술만 동하고 음성은 들리지 아니하므로 엘리는 그가 취한 줄로 생각한지라"(1:12-13).

(4) 금식 기도

"가로되 당신의 여종이 당신께 은혜 입기를 원하나이다 하고 가서 먹고 얼굴에 다시는 수색이 없으니라"(1:18).

"나의 기뻐하는 금식은 흉악의 결박을 풀어 주며 멍에의 줄을 끌러 주며 압제당하는 자를 자유케 하며 모든 멍에를 꺾는 것이 아니겠느냐 또 주린 자에게 네 식물을 나눠 주며 유리하는 빈민을 네 집에 들이며 벗은 자를 보면 입히며 또 네 골육을 피하여 스스로 숨지 아니하는 것이 아니겠느냐 그리하면 네 빛이 아침같이 비췰 것이며 네 치료가 급속할 것이며 네 의가 네 앞에 행하고 여호와의 영광이 네 뒤에 호위하리니 네가 부를 때에는 나 여호와가 응답하겠고 네가 부르짖을 때에는 말하기를 내가 여기 있다 하리라 만일 네가 너희 중에서 멍에와 손가락질과 허망한 말을 제하여 버리고 주린 자에게 네 심정을 동하며 괴로워하는 자의 마음을 만족게 하면 네 빛이 흑암 중에서 발하여 네 어두움이 낮과 같이 될 것이며 나 여호와가 너를 항상 인도하여 마른 곳에서도 네 영혼을 만족게 하며 네 뼈를 견고케 하리니 너는 물 댄 동산 같겠고 물이 끊어지지 아니하는 샘 같을 것이라"(사 58:6-11).

2. 우리는 얼마나 자녀들을 하나님께 맡기며 양육하는가요?

"가로되 당신의 여종이 당신께 은혜 입기를 원하나이다 하고 가서 먹고 얼굴에 다시는 수색이 없으니라"(1:18).

3. 우리는 얼마나 자녀들을 믿음으로 양육하고 있나요?

"한나가 가로되 나의 주여 당신의 사심으로 맹세하나이다 나는 여기서 나의 주 당신 곁에 서서 여호와께 기도하던 여자라 이 아이를 위하여 내가 기도하였더니 여호와께서 나의 구하여 기도한 바를 허락하신

지라 그러므로 나도 그를 여호와께 드리되 그의 평생을 여호와께 드리나이다 하고 그 아이는 거기서 여호와께 경배하니라"(1:26-28).

4. 신앙의 양육 비결을 하고 있는가?(양육 십계명)
(잘하고 있음 : 10점, 보통 : 5점, 못하고 있음 : 0점)

(1) 자녀를 위해 매일 기도하라(눅 23:28).

(2) 매일 말씀을 읽게 하라(딤후 3:16-17).

(3) 영적 체험의 기회를 주라(행 2:17).

(4) 너무 간섭하지 말고 사랑으로 품으라(고전 4:15).

(5) 상처를 주는 말이나 행동을 하지 말라(엡 6:4상).

(6) 사랑으로 치유하라(엡 4:31-32).

(7) 신앙으로 양육하라(엡 6:4하).

(8) 삶의 본을 보이라(고전 11:1).

(9) 믿음으로 헌신케 하라(롬 12:1-2).

(10) 장래의 비전을 갖게 하라(잠 29:18).

총 _____ 점

과제

1. 경건의 시간

2. 자녀에 대해 감사할 것 20가지 쓰기

제9강 사랑의 치유
디모데(딤후 1:3-8)

1. 청결한 양심(혼)을 가지고 있나요?

"나의 밤낮 간구하는 가운데 쉬지 않고 너를 생각하여 청결한 양심으로 조상 적부터 섬겨 오는 하나님께 감사하고"(1:3).

2. 눈물의 삶(육)을 살고 있나요?

"네 눈물을 생각하여 너 보기를 원함은 내 기쁨이 가득하게 하려 함이니"(1:4).

3. 거짓이 없는 믿음(영)을 가지고 있나요?

"이는 네 속에 거짓이 없는 믿음을 생각함이라 이 믿음은 먼저 네 외조모 로이스와 네 어머니 유니게 속에 있더니 네 속에도 있는 줄을 확신하노라"(1:5).

→ "평강의 하나님이 친히 너희로 온전히 거룩하게 하시고 또 너희 온 영과 혼과 몸이 우리 주 예수 그리스도 강림하실 때에 흠 없게 보전되기를 원하노라"(살전 5:23).

(1) 육 : 축복의 훈련
"여호와는 네게 복을 주시고 너를 지키시기를 원하며"(민 6:24).

(2) 영 : 은혜의 체험
"여호와는 그 얼굴로 네게 비취사 은혜 베푸시기를 원하며"(민 6:25).

(3) 혼 : 평강의 치유
"여호와는 그 얼굴을 네게로 향하여 드사 평강 주시기를 원하노라 할지니라 하라"(민 6:26).

4. 자녀의 상처를 치유합시다(내적 치유).
(1) 엄마(아빠)에게 상처받은 기억은 없는가?

(2) 언제, 어떻게 상처를 받았는가?

(3) 그때 어떠했는가?

(4) 지금 마음속의 상처의 감정을 쏟아 놓을 수 있는가?

(5) 이제라도 용서할 수 있는가?

"너희는 모든 악독과 노함과 분냄과 떠드는 것과 훼방하는 것을 모든 악의와 함께 버리고 서로 인자하게 하며 불쌍히 여기며 서로 용서하기를 하나님이 그리스도 안에서 너희를 용서하심과 같이 하라"(엡 4:31-32).

과제

1. 경건의 시간

2. 사랑하는 자녀에게 편지 쓰기

3. SBS TV "우리 아이가 달라졌어요" 시청하기

제10강

제10강 사랑과 용서의 승리
다윗과 요나단(삼상 18-26장, 삼하 9장)

1. 요나단은 다윗을 어떻게 사랑했나요?

(1) 자기 생명같이 사랑함

"다윗이 사울에게 말하기를 마치매 요나단의 마음이 다윗의 마음과 연락되어 요나단이 그를 자기 생명같이 사랑하니라……사울이 그 아들 요나단과 그 모든 신하에게 다윗을 죽이라 말하였더니 사울의 아들 요나단이 다윗을 심히 기뻐하므로……요나단이 다윗을 사랑하므로 그로 다시 맹세케 하였으니 이는 자기 생명을 사랑함같이 그를 사랑함이었더라"(삼상 18:1, 19:1, 20:17).

(2) 우정의 약속을 맺음

"요나단은 다윗을 자기 생명같이 사랑하여 더불어 언약을 맺었으며"(삼상 18:3).

(3) 모든 것을 다 줌

"요나단이 자기의 입었던 겉옷을 벗어 다윗에게 주었고 그 군복과 칼과 활과 띠도 그리하였더라"(삼상 18:4).

(4) 죽음으로부터 건져 줌

강의안

"그가 다윗에게 고하여 가로되 내 부친 사울이 너를 죽이기를 꾀하시느니라 그러므로 이제 청하노니 아침에 조심하여 은밀한 곳에 숨어 있으라"(삼상 19:2).

(5) 다윗을 죽이려는 아버지에게 항의함

"그가 스스로 이르기를 내가 다윗을 벽에 박으리라 하고 그 창을 던졌으나 다윗이 그 앞에서 두 번 피하였더라……사울이 가로되 너희는 다윗에게 이같이 말하기를 왕이 아무 폐백도 원치 아니하고 다만 왕의 원수의 보복으로 블레셋 사람의 양피 일백을 원하신다 하라 하였으니 이는 사울의 생각에 다윗을 블레셋 사람의 손에 죽게 하리라 함이라……사울이 단창으로 다윗을 벽에 박으려 하였으나 그는 사울의 앞을 피하고 사울의 창은 벽에 박힌지라 다윗이 그 밤에 도피하매……요나단이 그 부친 사울에게 대답하여 가로되 그가 죽을 일이 무엇이니이까 무엇을 행하였나이까 사울이 요나단에게 단창을 던져 치려 한지라 요나단이 그 부친이 다윗을 죽이기로 결심한 줄 알고 심히 노하여 식사 자리에서 떠나고 달의 제이일에는 먹지 아니하였으니 이는 그 부친이 다윗을 욕되게 하였으므로 다윗을 위하여 슬퍼함이었더라"(삼상 18:11, 25, 19:10, 20:32-34).

2. 다윗은 요나단의 은혜를 어떻게 갚았나요?

(1) 사울을 죽이지 않음

"다윗의 사람들이 가로되 보소서 여호와께서 당신에게 이르시기를 내가 원수를 네 손에 붙이니 네 소견에 선한 대로 그에게 행하라 하시더니 이것이 그날이니이다 다윗이 일어나서 사울의 겉옷자락을 가만히 베니라……내가 손을 들어 여호와의 기름 부음을 받은 자를 치는 것을 여호와께서 금하시나니 너는 그의 머리 곁에 있는 창과 물병만 가지고 가자 하고"(삼상 24:4, 26:11).

(2) 사울의 남은 사람들에게 은총 베풂

"다윗이 가로되 사울의 집에 오히려 남은 사람이 있느냐 내가 요나단을 인하여 그 사람에게 은총을 베풀리라 하니라"(삼하 9:1).

(3) 요나단의 아들 므비보셋에게도 은총 베풂

"다윗이 가로되 무서워 말라 내가 반드시 네 아비 요나단을 인하여 네게 은총을 베풀리라 내가 네 조부 사울의 밭을 다 네게 도로 주겠고 또 너는 항상 내 상에서 먹을지니라"(삼하 9:7).

(4) 사울과 그 온 집에 속한 것을 다 줌

"왕이 사울의 사환 시바를 불러서 이르되 사울과 그 온 집에 속한 것은 내가 다 네 주인의 아들에게 주었노니"(삼하 9:9).

(5) 왕자처럼 왕의 상에서 먹게 함

"너와 네 아들들과 네 종들은 저를 위하여 밭을 갈고 거두어 네 주인의 아들을 공궤하라 그러나 네 주인의 아들 므비보셋은 항상 내 상에서 먹으리라 하니라 시바는 아들이 열다섯이요 종이 스물이라"(삼하 9:10).

3. 우리는 상대방의 사랑을 어떻게 갚고 있나요?

4. 우리가 감정을 풀고 사랑해야 할 사람은 없나요?

과제

1. 경건의 시간

2. 직장(교회) 동료에게 사랑과 용서의 글쓰기

제11강

제11강 종말론적 봉사 생활
베드로(벧전 4:7-11)

1. 항상 매일 경건의 시간을 어떻게 갖고 있나요?

"만물의 마지막이 가까웠으니 그러므로 너희는 정신을 차리고 근신하여 기도하라"(4:7).

2. 모든 사람들과 화해하고 있나요?

"무엇보다도 열심으로 서로 사랑할지니 사랑은 허다한 죄를 덮느니라"(4:8).

3. 매사에 선한 청지기같이 봉사하고 있나요?

"서로 대접하기를 원망 없이 하고 각각 은사를 받은 대로 하나님의 각양 은혜를 맡은 선한 청지기같이 서로 봉사하라"(4:9-10).

4. 나의 인생의 후반전을 어떻게 설계하고 있나요?

(1) 마음(신 6:4-5).

강의안

(2) 몸(롬 12:1).

(3) 시간(엡 5:15-16).

(4) 재능(마 25:19-21).

(5) 물질(눅 6:38).

(6) 여생(행 20:24).

5. 내가 봉사하고 싶은 부서는 무엇인가요?

(1) 선교(국내 전도부, 세계 선교부, 남 선교회)

(2) 교육(교회학교)

(3) 봉사(실내 안내, 차량 안내, 식당 주방 봉사)

(4) 치유(아버지학교 섬김이)

(5) 찬양(찬양대, 찬양팀)

과제

1. 경건의 시간

2. 아버지학교 간증문 쓰기

제12강

제12강 남은 생애의 사명
이사야(사 6:1-8)

1. 아버지학교를 통해서 주님을 새롭게 발견했나요?

"서로 창화하여 가로되 거룩하다 거룩하다 거룩하다 만군의 여호와여 그 영광이 온 땅에 충만하도다"(6:3).

2. 아버지학교를 통해서 자신을 새롭게 발견했나요?

"그 때에 내가 말하되 화로다 나여 망하게 되었도다 나는 입술이 부정한 사람이요 입술이 부정한 백성 중에 거하면서 만군의 여호와이신 왕을 뵈었음이로다"(6:5).

3. 아버지학교를 통해서 사명을 새롭게 발견했나요?

"내가 또 주의 목소리를 들은즉 이르시되 내가 누구를 보내며 누가 우리를 위하여 갈꼬 그 때에 내가 가로되 내가 여기 있나이다 나를 보내소서"(6:8).

4. 아버지학교를 통해서 나는 얼마나 변화된 삶을 살고 있나요?

항 목	잘하고 있음 (10점)	보통임 (5점)	못하고 있음 (0점)
1. 매일 성경 읽고 기도하는가?			
2. 날마다 변화된 삶을 사는가?			
3. 가족들에게 사랑을 베풀고 있는가?			
4. 모든 사람과 화해했는가?			
5. 감사의 행복이 있는가?			
6. 청지기의 삶으로 헌신했는가? (시간, 재능, 물질, 생명 등)			
7. 계속 영적 훈련을 받고 있는가? (치유, 제자, 사역 등)			
8. 맡겨진 사명에 충성을 다하는가? (전도, 교육, 봉사, 친교, 치유 등)			
9. 주님께 영광 돌리는 삶을 사는가?			
10. 오늘이 마지막 날이듯이 종말론적인 신앙생활을 하는가?			
합 계			점

과제

1. 매일 경건의 시간 계속 갖기

2. 리유니온 모임까지 받은 은혜 간직하기

01　　　　　　　　　　　　　화개문

주저앉기보다 무릎 꿇게 하소서

예사 아사 조
이완식 집사

주님! 죄 많은 우리를 위하여 온갖 조롱과 고초를 당하고 십자가에 못 박히심으로 저희들의 죄를 용서하시고 대속의 재물로 아버지의 뜻을 이루어 주셨습니다. 그 귀한 뜻은 이미 오래전에 이루어졌으나 지금도 이 세상은 그때와 변함없이 죄가 가득합니다. 아버지의 뜻을 따르는 의로운 어려움보다 현실과 타협하여 편히 안주하는 제 자신을 돌아보며 용서를 구합니다. 세상적인 조건에 우선하여 결정한 후 아버지의 뜻을 구하는 저를 아직도 사랑하심을 감사합니다.

주님! 저는 주님께서 모범을 보이신 사랑을 따르기보다 받기만을 즐겨하고 있음이 부끄럽습니다. 헌신을 한다면서 그 중심에 아직도 자리 잡고 있는 자아를 버리고, 주님을 위한 사랑만

이 마음에 가득하기를 소원합니다. 또한 주께서 허락하시어 이루어진 가정이 저의 부족하고 안이한 믿음과 행위로 인하여 더 이상 가족들을 실망시키지 않도록 도와주십시오. 아직도 버리지 못하는 세상적인 생각을 주께서 보내신 성령의 도움으로 떨쳐버리게 하시고, 의로운 생활로 이끌어 주십시오. 티끌만한 세상의 지식과, 겨자씨에 미치지 못하는 극히 작은 믿음임에도 풍요하게 사용하시니 감사합니다.

살아 계신 부모나 형제를 사랑하지 못하면서 주일이면 교회에서는 모든 것을 잘 이행하고 있는 것 같은 위선적인 사랑은 책망 받아 마땅합니다. 주일이면 정장으로 차려입고 성경을 옆구리에 끼고 선별된 삶을 찾고자 하나, 나타난 행위가 내 이웃에게 모범이 되지 못하니 가식적인 믿음에서 벗어나기를 간구합니다. 누군가 나를 위하여 기도하고 있음을 종종 잊어버리고 오직 자신만을 위하여 기도하는 이기심과, 주님이 머리가 되신 교회에서 지체 된 형제를 큰소리로 책망하는 교만함을 멀리 물리치게 도와주십시오.

힘들고 어려울 때 기도하려 무릎 꿇기보다는 주저앉아 자신과 이웃을 탓하는 작은 믿음을 큰 믿음으로 키워주시길 바랍니다. 주님! 기쁠 때는 주님의 은혜를 잊어버리고 자신만을 나타내는 자만심을 용서하여 주옵소서. 저의 부족함을 먼저 꾸짖지 않으시고 묵묵히 기다려주시는 주님의 사랑을 항상 잊지 않고 살아가길 바랍니다.

주님은 사랑이시라

예사 아사 조
신동선 집사

사랑의 아버지!

아버지 앞에서 지난날을 뒤돌아보니 참 크신 사랑을 헤아릴 수 있습니다. 주님의 충만하신 사랑 속에 오늘까지 큰 어려움 없이 살아오도록 지켜주심을 감사합니다. 한량없는 사랑 속에 살아온 삶이지만 다시금 생각해도 부끄럽기 짝이 없는 죄 많은 삶이었음을 고백하게 됩니다.

불신의 삶 40년 동안 얼마나 제 마음대로 살아왔는지 주님은 아시지요? 제 마음대로 마음껏 혈기를 부리고 고집을 세우며 아내와 자녀를 제 소유인 양 생각하여 그들을 어렵게 해왔었습니다. 일터였던 건축 현장에서 매일 즐겨 술을 마심으로 술의 노예가 되었고, 술 취해서 집에 들어가면 더욱더 가족들을 힘들게 하였습니다. 세상에서는 스스로가 법인 양 생각하여 내가 하는 것이 가장 옳다는 착각 속에 다른 이들의 생각 위에 서기만을 고집했습니다.

무엇보다도 제가 다녔던 동국대학교의 영향으로 불교에 깊이 심취해 절에 자주 다님으로 당연히 종교는 불교가 진리인 줄 알고 하나님을 믿는 사람들과 대적하였습니다. 그럼에도 불구하고 주께서 매형을 통해 저를 불러주셔서 교회에 나오게 된 지 벌써 15년이 되었습니다. 그동안 제 어리석음을 깨우치셔서 참된 신은 하나님 한 분만이 유일하시며 우리의 구세주는 예수님인 것을 확실히 믿게 하셨음을 다시금 감사 드립니다.

주님! 구원의 감격을 소중히 여기기에 주님께서 우리에게 원하시는 말씀들을 많이 듣고 익히고 생활에 적용하고자 나름대로 힘썼습니다. 그러나 제 속사람은 아직도 깨어지지 않았네요. 많이 바뀌었다는 주위 사람들의 말을 듣고 있지만 너무도 형편없는 신앙인인 것을 스스로가 잘 알고 있습니다.

하나님! 저는 왜 이렇게 혈기가 많을까요? 이로 인하여 집에서 아내와 자주 다툼이 일어났는데 그럴 때마다 참지 못하고 폭발하고 마는 제 성격 때문에 가정에 어려움이 찾아왔었습니다. 그런 저를 주님은 그래도 사랑하시고 불쌍히 여기셔서 가정을 회복시켜 주셨습니다. 나아가 더 좋은 환경을 주시고 복된 신앙생활과 가정생활을 영위할 수 있도록 해주셨습니다. 그러함에도 때때로 찾아오는 옛날의 본성은 저를 괴롭히고 가족을 괴롭힐 때가 가끔 있습니다.

사랑의 주님! 이러한 성격을 고치려고 몇 번의 금식 기도와 결단을 해보았지만 완전히 뿌리 뽑지 못했네요. 주님! 이것조차도 제 의지를 의지하여 고집으로 고쳐 보려고 한 것은 아닐까요?

주님! 이제 아버지학교를 통해서 성령의 도우심을 강하게 느낍니다. 주님을 의지하여 이제는 새로워지고 싶습니다! 성령님의 도우심을 힘입어 달라지고 싶습니다! 다시금 주님은 사랑이심을 가슴에 새기겠습니다.

광야의 은혜, 광야의 소망

젊은 아버지들 조
김진배 집사

성경을 읽다보면 이스라엘 민족을 이해할 수 없을 때가 있었습니다. 눈으로 보여주시고 손으로 만지게 해주시며 광야에서 인도해 주셨는데 틈만 나면 불평과 원망을 하니 말입니다. 자비하신 아버지! 그들과 다름없는 제 모습을 깨닫고 진심으로 회개합니다. 청년의 젊을 때에 불러주셔서 주님의 장중에 붙잡아 주신 것 감사합니다. 학교를 잘 마치고, 직장을 주시고, 사랑하는 이를 배필로 주셔서 결혼하고, 귀한 자녀를 주시고, 건강하게 이제까지 인도해 주신 은혜를 입었습니다.

은혜가 한없이 크건만, 주님을 영접한 지 20년이 되었으나 믿음의 열매를 맺은 것이 없네요. 사사기서의 어리석은 이스라엘 백성과 같이 100% 주님께 헌신하지 못하고 세상과 주님을 동시에 섬기는 어리석음이 반복되어 왔습니다. 전도의 습관도 잃어버리고 소금의 짠맛도 잃어버렸습니다. 인생이 뜻대로 풀리지 않는다고 불만을 품고 고민하지만 하나님을 생각 속에서만 찾고 실제로 무릎 꿇는 일에는 게을렀습니다.

이것이 하나님 앞에 가장 큰 교만이었음을 깨닫고 회개합니다. 끊임없이 되풀이되는 이스라엘인들의 불순종에도 하나님의 구원은 거듭된 것을 압니다. 저의 연약함과 죄악 됨에도 불구하고 이 모습 그대로를 기뻐하시되 그 기쁨을 이기지 못할 정도로 사랑하시는 주님의 신실하신 성품을 믿음으로 찬양 드립니다.

아버지! 이제는 열매 맺는 신앙이기를 소원합니다. 직장에서 파송된 선교사로서 주님의 잃어버린 영혼을 주께로 인도하길 소원합니다. 아내와 아들에게 존경과 인정을 받는, 주께서 허락하신 가정에서 제사장의 직분을 감당해 가길 소원합니다. 주께서 주시는 비전에 민감하게 반응하고 기쁨으로 순종해 나가는 그리스도의 군사, 제자의 삶을 살아가길 소망합니다.

악하고 음란한 세대여서 주님을 찾는 자들이 적은 이때에 주님의 부르심에 합당한 삶을 살게 하여 주옵소서. 끝까지 사랑하시며 저를 향한 크신 계획을 가지고 소망을 끊지 않으시는 주님이시기에 더욱 감사 드립니다.

회개는 생의 터닝 포인트

예사 아사 조
조기식 집사

아버지학교에서 회개문을 쓰라는 숙제가 주어졌다. 어떻게 써야 될까? 숙제라는 중압감 속에 으레 '나는 죄인입니다'라는 통속적인 회개문이 되지 않도록 하겠다는 생각이 들었다. 지금 주어진 시간은 잘못된 과거의 삶을 돌아보는 계기가 되어 진정한 반성과 회개로 내 생의 전환점을 이룰 수 있는 특별한 은혜이기에 기도하는 마음으로 이 글을 쓴다.

돌아온 탕자의 비유에 대한 성경 말씀을 듣거나 읽을 때에는 꼭 나를 두고 하신 말씀으로 생각되어 참으로 부끄럽다. 생각해 보면 나만큼 회개할 것이 많은 죄인도 없으리라 여겨진다.

지난 젊은 시절의 잘못된 행동, 아무렇게나 살았던 막나가던 어리석음, 세상의 오락과 유희가 좋아서 교회 생활도, 신앙생활도, 모두 귀찮아 하며 함부로 살았다. 또한 이웃의 어려운 사람들을 도무지 알지 못하는 사람처럼 무시하고 그들에게 마음에 상처를 주었던, 정말 잘못된 사고와 행동을 했던 나, 가정적으로 보면 아내 속이기를 밥 먹듯 하고 아이들의 아버지로서의 책임과 의무를 전혀 나 몰라라 하고 돌아보지도 않고 관심조차도 갖지 않았던 나인지라, 일일이 적고자 하면 너무 많은 지면이 필요하고 시간이 부족하여 다 적을 수 없을 정도이다.

부끄럽고 창피한 일이지만 주일 예배 중 참회의 시간에도 나는 회개할 일이 참으로 많다. 짧은 일주일임에도 불구하고, 회개문은 쓰는 자체가 중요한 게 아니라 앞으로 어떻게 살 것인가가 중요하리라 생각된다.

변함없이 열심히 신앙생활하고 세상적인 나쁜 습관과 행동들을 모두 아낌없이 버리리라. 또한 가족은 참으로 소중하여 돌보고 지켜야 할 나의 의무요 기쁨인지라 아버지로서의 책임에도 성실하리라. 말로써가 아닌 마음과 정성을 다해서 행동으로 실천하리라. 오늘의 이 각오가 설교 말씀을 들을 때나 성경을 읽을 때, 기도할 때에도 부끄럽지 않고 떳떳하도록 새로운 삶을 살겠다고 다짐한다.

02　　부모님 회고문

아버지를 닮았네요

예사 아사 조
신동선 집사

　아버지! 20년 만에 아버지를 불러 봅니다. 지금 생각해보면 돌아가신 아버지에 대해 애끓는 정을 느끼지 못하고 눈물도 많이 흘리지 못한 것 같아 죄송한 마음이 듭니다. 아버지! 지금 제가 아버지학교의 실장이라는 직분을 맡았습니다. 아버지에 대한 좋은 감정과 추억도 별로 없으면서 또 제 자식들에게도 참된 아버지의 역할을 감당하지도 못하면서 어떻게 그 직분을 감당할지 걱정이 앞섰습니다.
　교회에서 보기 좋은 부자 관계, 부녀 관계를 눈여겨보며 '나는 왜 저렇게 하지 못할까?' 마음에 자책도 가져보고 노력도 해보았지만 아직도 부족할 뿐입니다. 아버지께서는 무척이나 살기 어렵던 일정 시대에 일본에 무역을 다니시며 가정 살림을 온통 어머니께 맡기고 한량처럼 왔다 갔다 하셨기에 저희 8남매가 자라는 데 어려움이 컸습니다.

급기야 큰형님이 무작정 상경하여 집안을 일으키고 동생들을 공부시키게 되었습니다. 어려운 환경에 꿈이 컸던 형님을 집에서 뛰쳐나가게 한 이유가 되었던 것 같습니다. 제가 10살 때 온 가족이 형님을 따라 서울로 오게 되었지요.

서울로 오신 뒤에도 아버지는 특별히 하시는 일이 없으셨어도 아버지로서의 권위는 대단하셔서 어머니에게 한번도 져주지 않으셨어요. 그래서 자주 다투시는 모습을 보고 자랐습니다.

저는 아버지께 용돈을 제대로 받아 본 적이 없습니다. 물론 아버지께서 주실 형편이 못 되었던 것은 이해되지만, 어머니가 주시는 용돈도 용납지 않으셨습니다. 소풍을 가게 되면 도시락만 싸주면 되지 무슨 음료수나 용돈이냐고 말씀하셔서 한번도 울지 않고 간 적이 없습니다. 그럴 때마다 어머니께서 치마 속에서 아버지 몰래 돈을 꺼내 손에 쥐어 주시곤 했지요. 아버지의 뜻은 검소하셨기 때문인 것 같았지만 그때는 무척이나 아버지께 서운했습니다.

제가 태어난 때가 6·25전쟁 통이라 모두가 힘들 때였긴 했어도 우리 집은 더 살기가 어려워 제가 갓난아기 때 죽을 고비를 여러 번 넘겼다는 말씀을 어머니께 들었습니다. 그래서 어려서부터 잔병치레를 자주 했는데 약 먹기를 죽기보다 싫어해서 제가 약 먹는 날엔 온 집안에 비상이 걸렸던 기억이 납니다. 온 식구가 힘을 합해 약을 입 속에 넣어주면 삼키지 않고 있다가 다시 뱉어 버리고는, 속상해 하시는 부모님의 모습을 보며 통쾌

함을 느끼는 그런 나쁜 아이였어요. 그래서 아버지께 많이 맞았던 것 같습니다.

그런데 불현듯 아버지께 매 맞는 것이 진정으로 아프지 않은 것을 발견하게 되었어요. 안감을 둔다고 하지요? 아버지는 상처가 나거나 심하게 아프지 않도록 때리셨던 거지요. 그런 아버지의 속사랑을 느낀 것은 한참 후였습니다.

아버지! 저는 지금 참 약을 잘 먹습니다. 약 먹을 때마다 아버지가 생각납니다. 사랑을 표현하지 못하시고 능력이 없던 아버지셨지만, 병석에 눕게 되어 마지막 일 년 동안 어머니와 두 분이 따로 사시면서 어머니의 수발을 받으실 때, 제가 자식으로서 좀더 따뜻하게 효도를 다해 드리지 못한 것이 못내 아쉽습니다. 아버지께 평생 대접받지 못하고 사신 어머니셨지만 아무리 화가 나도 아버지께 서운한 말을 자식들이 하는 것을 용납하지 않으셨던 어머니와 지금은 하늘나라에서 행복하신지요?

아버지! 지금은 제가 살 만합니다. 당시 조금만 형편이 괜찮으면 부모님께 잘해 드릴 수 있다고 생각하여 큰 형님네를 원망하였던 적이 많이 있었습니다. 그저 있는 대로 해드리면 되는 것을······.

아버지! 지금은 제가 교회에 열심히 나가고 있습니다. 교회에서 어르신들을 뵈면 부모님 생각이 납니다. 그분들께라도 부모님께 하지 못한 효도를 하려고 노력하고 있습니다. 다시 한 번 아버지를 회상해보니 제가 은연중 아버지를 많이 닮아 있음을 보게 됩니다.

아버지! 저의 고집 세고 혈기 많은 성격을 고쳐 보려고 많이 노력해 보았는데 잘 고쳐지지 않았습니다. 하나님을 만나고서 많이 달라지기도 했지만 그런 제 성격 때문에 아내와 아이들이 많이 고생했습니다. 아버지, 이제는 제 성격이 아버지를 닮았기 때문이라고 핑계대지 않겠습니다.

지금까지는 제가 고쳐 보려고 했던 것을 이제는 성령님의 도우심을 받아 고쳐 보려고 합니다. 아버지! 자식이 아버지 닮은 성격을 바꾸려는 것을 서운해 하지 않으시겠지요? 다음에는 바뀐 모습으로 연락 드리겠습니다. 편안히 계십시오.

나의 갈 길 다가도록

바늘귀 약대 조
이명석 집사

아버지가 생각나는 오늘 아침은 유난히 쓸쓸하고 무엇인가 허전한 생각이 듭니다. 어느 해인가 추석날, 아버지와 제가 함께 경복궁 경회루 연못가 버드나무 밑 돌바위 위에 나란히 앉아 이런 말, 저런 말을 주고받았을 때가 문득 생각났기 때문인지도 모르겠습니다. 그때 아버지께서는 60세 정도 지났을까 기억됩니다만, 저는 회사에 들어가 몇 년이 되지 않은 30대 초반이었을 것입니다.

그곳에서 아버지께서는 "네가 무엇보다도 명심해 주기 바라는 것이 있다. 그것은 시간의 귀중함과 그 사용법이다. 이것을 진실로 알고 있는 사람은 많지 않다. 누구나 입으로는 시간을 귀중하다고 말한다. 하지만 정말로 시간을 귀중하게 사용하고 있는 사람은 거의 없다고 해도 좋을 정도다. 시간을 태연히 시궁창에 버리듯 하고 있는 사람들조차도 시간은 참으로 귀중하다고 말한다. 사람들이 이렇게까지 시간에 관심을 갖게 된 것은 모든 사람들이 손목에 시계를 갖고 있기 때문인지도 모른다"는 요지로 말씀하신 것이 어렴풋이 기억에 남아 있습니다.

 아버지께서 항상 저를 사랑해주시고 제가 잘못한 일이 있을 때도 그냥 미소를 지으시며 "이번에는 잘못했지만 다음번에는 그러지 않기다"는 식으로 너그럽게 저를 길러 주셨습니다. 그런 것들 때문에 학교 성적이 별로 좋은 편이 아닌데도 항상 더 잘해 보려고 마음먹고 또 노력하는 버릇이 저도 모르게 싹이 트고 자랐습니다. 그런 것이 이렇게 나이가 들었지만 오늘날까지도 아버지의 사랑 넘치는 격려가 항상 고맙게 마음판에 새겨져 있는 것이겠지요.

 아버지! 저도 이제 어느 정도 나이가 차서 사회생활 하는 데 가끔은 어려움을 겪고 있습니다. 더구나 어느 때부터인가 이 땅의 사회에는 조기 퇴직이다, 노령 사회다 해서 마치 나이 먹는 것이 사회에 무엇인가 누를 끼치는 것 같은 불안감이 조성되는 사회가 되었습니다. 저도 어쩔 수 없이 위축감을 갖게 되는 것이 사실이지요.

 그러나 며칠 전 어느 잡지에서, 50세가 지나서 예수님을 영접하고 이제는 성경 공부반 교사가 되어 대학생 성경 공부 그룹을 인도하고 있는 미국 일리노이 대학교의 한 노교수가 출애굽기 모세의 생애를 가르치면서 감격하여 "모세는 80세에 시작하였어도 하나님의 위대한 역사를 이루었고, 아브라함은 75세에 하란을 떠나서 약속의 땅으로 들어갔지만 믿음의 조상이 되었는데, 나는 이제 60세이니 청춘이라고 말해야 하겠지요?"라며 기뻐하였다는 기사를 읽어 보았습니다.

우리의 인생은 주님 안에서는 언제 시작하여도 늦지 않다는 것을 다시금 깨달으며 남은 생의 시간을 보람되게 사용하고자 결심합니다. 그러고 보니 아버지께서 일깨워 주셨던 시간의 귀중함이 더욱 마음에 닿습니다.

아버지! 눈을 감으면 마음속에 하늘나라가 보입니다. 이 세상에서 사랑을 주시고 지혜로 이끌어 주셨던 것같이 제가 하늘나라에 가면 그곳의 귀한 것을 가르쳐 주시겠지요? 아버지! 하늘나라에서 만나 뵙기를 소망합니다. 안녕히 계십시오.

사랑의 결단

주제아 조
이기석 집사

제가 중·고등학교 다닐 때 아버님께 편지 쓰던 기억이 떠오른다. 그때에는 인사말 쓰고 가족들 안부, 일상적인 농사철에 관한 언급 등을 서너 줄 쓰고 나면 "다름이 아니옵고……" 로 시작하는 용돈에 관한 본론을 쓰고 마지막 맺는말을 쓰곤 하였다.

유난히 감정 표현을 쑥스러워했던 나는 정말 사무적으로 편지를 썼던 것 같다. 예나 지금이나 마찬가지여서 어른이 되어서도 나의 감정 표현은 여전히 쑥스럽고 겸연쩍기만 하다. 30여 년 만에 글로 부모님을 회고하니 멋쩍으면서도 세월이 참 빠르다는 것을 실감하게 된다.

가난했던 고향 동네에서도 경제적으로 가장 어려운 형편인 우리 집이었다. 더욱이 2년간의 심한 가뭄으로 수제비죽으로 끼니를 때우던 때에 광주로 유학 보내주신 아버님의 결단이 오늘의 나를 있게 해준 것이라 믿기에 더할 나위 없는 감사의 마음을 갖게 된다.

당시에 동네 사람들은 미친 짓이라 하였지만 아버님께서는 힘든 결정을 내리셨고, 내가 대학을 졸업하기까지 안해 본 고생이 없이 이 집 저 집 돈을 빌리느라 수모도 많이 당하셨다고 한다.

그렇지만 그런 아버님이었음에도 불구하고 학교 다닐 때는 고마운 생각보다는 아버님이 원망스러운 적이 많았다. 등록금을 납부할 시기가 되면 학비 감면을 받기 위하여 담임선생님을 찾아가고 극빈자 서류를 제출하는 것이 정말 죽기보다 싫었기 때문이다. 철없던 시절의 이기적인 내 모습을, 이제는 부끄럽지만 고백하며 아버님께 용서를 구하고 싶다.

이렇듯 부족한 나였음에도 아버님의 결단과 고생 덕분에 시골 초등학교 졸업생 중에서 전라도에서는 최고의 고등학교를 졸업했고 우리나라에서 최고의 대학을 졸업할 수 있었으니, 아버님께 무어라 감사함을 표현해야 할지…….

몸이 건강하지 못했던 내가 수술을 받고 쉬다가 고시를 포기하고 직장을 갖게 되었을 때, 그 누구보다 아버님의 실망이 크셨으리라 생각된다. 그때는 몸이 약해지니 의지가 약해지고 무거운 짐에서 탈출하고 싶었던 마음이었지만, 살면서 가끔 계속 공부했으면 좋았을 걸 하는 후회가 들 때도 있었다. 그랬다면 아버님은 참 기뻐하셨을 텐데…….

나의 아버님은 마음의 불평과 현실의 어려움을 꾹 참다가 약주만 드시면 폭발하실 때가 있었는데, 나는 그런 모습의 아버지가 참 싫었다.

  그러나 지금은 약주를 드시고 폭발했던 그 심정을 어찌 이해할 수 없겠는가? 오직 생각이 부족하고 철없었음에 용서를 구할 수밖에. 작년 추석에 집에 갔을 때 더 이상 큰소리로 답답한 마음을 폭발시키지 못하는 아버님을 뵙고 정말 마음이 서글퍼졌다. 아버님이 벌써 이렇게 기력이 약해졌다고 생각하니 죄송하고 무어라 표현할 수 없는 쓰라린 마음이 되었다.

  이제는 아버님을 자주 찾아뵙고 위로를 해드려야 되는데 그렇지 못하여 정말 죄송할 뿐이다. 아버님께 사랑함과 존경함을 전하고 싶다. 아버님! 건강하게 오래오래 사세요.

장모님의 기도

용감히 나가자 조
김군석 집사

    제가 17살 때는 어머니를, 25살에는 아버지를 여읜 터라 친부모님에 대한 기억이 별로 남은 게 없습니다. 그러하기에 장모님은 제게 친어머니보다 더 각별히 여겨졌습니다.
    우리 부부가 결혼하여 오랜 세월이 흘러도 하나님의 선물인 자녀가 허락되지 않아, 애타 하시며 피를 토하고 세 번이나 응급실에 실려 갈 정도로 장모님의 피눈물 나는 간구에도 하나님은 여전히 외면하시는 듯하더니, 17년 되던 해 하나님께서 우리 가정에 기적의 응답을 주셨습니다. 그동안의 보상으로 하나는 부족한 듯 딸과 아들을 연년생으로 말입니다.
    그 후 10년, 친어머니보다 더 가깝게 느껴졌던 장모님께서 쓰러지셔서 3개월간의 투병 생활 끝에 지난해 가을, 하늘이 유난히 높던 따사로운 날에 꿈에도 그리던 하나님의 품으로 홀연히 떠나가셨습니다. 마치 잠을 자는 듯이……. 어머니의 장례식을 마치고 모든 가족이 무덤 곁에 둘러서서 어머니께 드리는 편지를 읽으며 모두 눈물을 흘려야 했습니다.

어머니, 천국이 그리도 그리우셨나요? 시집간 딸이 아이를 낳지 못해서 십수년을 그렇게 애타 하시더니 아이들이 철도 들기 전에 서둘러 떠나시다니요. 어머니! 천국은 어떤 곳인가요? 어머님이 계신 곳이라 더욱 궁금합니다.

외손자 하나만 달라고 수없는 날들을 우리 부부의 알에만 매달려 기도하셨기 때문일까요? 처남 4형제 모두 어머니께서 천국문에 들어가실 때까지도 예수님을 영접하지 않아 어머니의 실망이 크셨으리라 봅니다.

어머니! 저희 부부가 어머니의 기도 끈을 놓지 않고 계속하여 기도하겠습니다. 저는 어머니 생각이 날 때마다 눈물이 납니다. 며칠 전 아침 식탁에서 어머니 생각에 가슴이 메어와 아이들과 아내 몰래 눈물을 훔치느라 혼났습니다. 오늘은 새벽 기도회 때 또 어머니 생각에 눈물이 흐르더군요.

하물며 제가 이러한데 애들 엄마의 심정은 오죽하겠습니까? 예준 엄마는 제가 보는 앞에서도 울음을 터뜨린 게 수십 번인데 돌아서서 혼자 울 때는 얼마나 많겠습니까? 미소와 예준이는 꿈에 할머니를 만나는 것이 소원이라고 합니다.

어머니께서 늙고 병들면 저희가 편히 모시겠다고 약속해 놓고 그 약속도 못 지켜 큰아들 집으로, 또 요양원으로 전전하시더니……. 결국 임종도 못 보게 하시고 떠나셨네요.

어머니, 죄송합니다. 작년 설날 고향에 새벽 2시경에 도착하여 갈 곳이 마땅찮아 우리 네 식구는 비좁은 차 안에서 몇 시간을 보내야 했습니다. 어머니 생전에는 아무리 늦은 밤이라도 '할머니! 어머니!' 부르면 신발도 못 신은 채 문부터 열어주시며 반겨 주셨는데, 어머니의 방은 불도 꺼져 있고 불러볼 어머니도 계시지 않아 참으로 슬펐습니다. 그렇게 빨리 가실 줄 알았으면 좀더 잘했어야 했는데……어머니의 빈자리가 너무 큽니다.

15일 후면 벌써 어머니의 추도일이 돌아옵니다. 비록 아무것도 없는 빈 무덤이지만 찾아뵙고 슬픔을 달래려고 합니다. 어머니! 하늘나라에 가셔서 상 많이 받으셨겠지요? 이 세상 계실 때 예수 믿는다고 욕도 많이 먹고 온갖 구박을 다 받으며 핍박을 당하셔서, 기도하기 좋은 하나님 곁에 사시겠다고 아예 교회 아래층에 방을 얻어 사셨잖아요.

머지않아 우리 모두 어머니 곁으로 가겠지요. 질병과 괴로움과 핍박도 없는 그곳으로 말입니다. 그 때, 어머니! 반겨 맞아 주세요.

03 부모님께 쓰는 편지

마음으로 읽어주세요

바늘귀 약대 조
이종성 집사

어머니!

제가 이 글을 보내도 어머니는 읽지 못하시겠지요? 나이 들어 쇠약해져 치매 증상이 있으신 어머니는 아들인 저도 못 알아보시니까요.

어머니! 세월은 어찌 이리도 빠른지요. 곱디고운 어머니 모습이 어제인 듯 느껴지는데 저도 모두 장성해버린 자식들을 거느리고 있으니 말입니다. 제가 자식들을 키우면서 부모 역할이 수월치 않은 일임을 뼈저리게 아는 터라 어머니께서 너나없이 어렵고 궁핍했던 시절에 남보다 잘 먹이고 입히시며 넘치도록 풍요하게 해주신 것을 생각할 때마다 얼마나 감사한지요.

어머니의 심한 잔소리가 제게 상처가 된 적도 많았는데 지금은 어머니 모습을 뵈면 마음이 아파서 차라리 야단치고 잔소리 하시던 옛날이 그리워집니다. 제가 사업이 망하고 자식들로 인해 속상하며 힘들고 어려울 때 어머니는 함께 힘들어 하셨지요. 그런 어머니가 계셔서 얼마나 힘이 되었는지 모릅니다. 다시금 감사 드려요. 어머니께 효도하며 잘해 드리고 싶은 마음 간절한데 저도 나이 들어 사정이 여의치 못하니 안타까울 따름입니다.

  그러나 새벽마다 어머니께서 건강하게 오래 사시게 해달라고 하나님께 기도 드리고 있습니다. 어머니! 오래 사세요. 그래서 저를 따뜻하고 편안히 안아주셨듯이 제 손자들이 태어나는 것도 지켜보시고 사랑으로 안아 주세요.

  어머니, 감사합니다! 사랑합니다!

            어머니를 사랑하는 아들 종성이가

마르지 않는 사랑

젊은 아버지들 조
안승진 집사

사랑하는 어머니!

이제껏 어머니께 편지 한 장 써본 적이 없는 터라 아버지학교를 통해 이제야 어머니께 글을 쓰려고 하니 죄송한 마음이 앞섭니다. 평생을 고생과 더불어 사신 어머니시니 자식들 다 키워놓고 이젠 편한 삶을 사셔야 할 텐데 용돈 한번 넉넉히 못 보내드린 것 또한 죄송합니다. 제가 좀 덜 쓰고라도 보내드렸어야 했는데 하는 부끄러운 생각이 듭니다.

어머니! 어머니께서 어려운 형편임을 잘 알기에 전혀 예상치도 못했는데, 제 어려운 시기에 쓰시지 않고 모아 두셨던 돈 100만 원을 건네주던 날이 떠오릅니다. 왜 그렇게 눈물이 나오던지요. 어머니 사랑이 그렇게 깊고 크신 줄 헤아리지 못하고 사소한 일에 감정 상해 하는 제가 미안하고 부끄러웠지요. 낫 놓고 기역 자도 모르시는 아버지께 시집오셔서 시골 집안 살림 도맡아 하시다가 끝내는 아버지께서 중풍으로 쓰러져 10년 넘게 보살피기까지 얼마나 고생을 많이 하셨는지요.

아버지의 대소변까지 수발하시는 어려움에 어머니는 눈물로 지내셨지요? 이 글을 쓰면서 어머니의 그 고생을 생각하니 눈물이 자꾸 나네요. 어머니께 대한 아픔이 어디 그뿐이겠습니까. 제가 옹진군청 기숙사에 있을 때 제게 차비까지 털어 주시고 어렵게 차비를 빌려 영종도로 돌아가시던 어머니, 사과밭에 나가 일하고 저녁에 흙 묻은 신발을 벗으시던 어머니……아니, 엄마! 옆에 계시면 안고 맘껏 울고 싶네요.

어머니! 어머니의 간절한 기도에 힘입어 이제는 빚도 어느 정도 갚고 안정적인 수입이 되어가고 있어요. 용돈도 다시 10만 원씩 보내 드리겠습니다. 남은 여생 편히 사시도록 효도하겠습니다. 우리 곁에 오래 있어 주세요.

엄마! 진정으로 사랑해요. 그리고 어려운 형편에 대학까지 보내주신 것 다시금 감사 드립니다.

어머니의 사랑으로 큰 막내아들이

다시 불러 보고픈 울 엄니

조각목 조
이주용 집사

사랑하고 보고 싶은 엄니!

오늘처럼 명절이 되면 이른 새벽부터 밤늦게까지 하루 종일 바삐 움직이시며 묵묵히 일하셨지요. 세상의 엄니들은 그렇게 하는 것이 당연한 줄 알았습니다.

시도 때도 없이 일하시다 찬밥 한 덩이 물 말아 부뚜막에 앉아 훌훌 넘기듯 대충 식사를 때워도 울 엄니는 괜찮은 줄 알았습니다. 한겨울 이불 빨래도 강가의 얼음을 깨고 방망이질하며 그렇게 찬물에 맨손으로 해도 울 엄니는 괜찮은 줄 알았습니다. 명절이면 자식들은 새 옷으로 사주시면서도 옛날 언제부터 입었는지도 모를 낡은 옷을 입고 있어도 울 엄니는 괜찮은 줄 알았습니다.

냄새나는 싼 파마 약을 머리에 바르고 구르프(clip)로 감아 놓던 머리 손질은, 머리 만지는 솜씨가 좋아서 그런 줄 알았고, 엄니들은 다 그런 줄 알았습니다. 눈발이 흩날리던 전라선 어느 플랫폼에서 엄니는 시원한 국물이 좋다 하시며 우동가락을 자꾸 내 그릇으로 옮겨 놓고 배부르시다던 울 엄니, 엄니들은 다 그런 줄 알았습니다.

이 모든 것들에 이제껏 '왜?'라는 물음표를 달아본 적이 없었습니다. 그냥 그렇게 너무도 당연한 듯이 보냈던 엄니의 일상들이 높아진 가을 하늘의 뭉게구름처럼 자꾸 내 기억 속으로 흘러왔다 흘러갑니다.

사랑하는 울 엄니, 보고 싶은 울 엄니, 다시 불러 보고 싶은 엄니! 푸른 가을 하늘 아래 코스모스 꽃이 활짝 핀 길을 자전거에 엄니를 태우고 따스한 엄니 가슴을 등으로 느끼며 이런저런 얘기 나누면서 달리고 싶습니다.

그러나 이제 천국 길에서나 가능하겠네요. 엄니! 천국 길에서 엄니와 여행할 날을 기대하며 주어진 오늘을 감사하며 살겠습니다.

추신: '괜찮아, 난 괜찮아' 이런 휜소리는 이제 안 통하니 절대 하지 마셔요.

추석을 맞아 셋째 아들 올림

이제야 움트는 사랑

조각목 조
지낙규 집사

　생전에도 안 썼던 편지를 처음으로 두서없이 몇 자 적어봅니다. 다른 친구들은 아버지의 기억은 사랑뿐이라고 하던데, 저는 아버지 살아생전의 기억은 원망과 상처뿐입니다. 남달리 왜 우리 아버지의 삶은 그래야만 했을까, 아버지와의 아름다운 추억이 없는 것이 새삼스레 마음을 아프게 합니다.
　이북에서 단신으로 내려오셔서 외로우셨을 텐데 괄괄한 성격 탓에 달력에 빨간 표시된 공휴일보다 어머니와 싸운 날이 더 많으셨어요. 이웃과는 또 왜 그렇게도 싸우시는지……지금도 그런 기억들만 맴돕니다.
　생전에 아버지가 정말 미웠습니다. 죄송스럽지만 심지어 아버지가 없으면 더 나을 것 같은 생각도 한두 번 한 것이 아니었습니다. 제가 오죽했으면 아버지의 나쁜 습관 3가지(바람, 도박, 싸움)를 하지 않기로 평생 가슴속에 새기며 지키겠습니까?

"저리하고 죽어 어떻게 천당 갈 수 있을까?" 옆집 살던 환이 엄마 말씀이 지금도 생생합니다. 그 당시에는 환이 엄마 말씀에 공감이 가기까지 했으니…….

그러나 아버지! 지금은 아버지께서 구원을 받고 천국에 계실 것을 믿고 있으며 또한 아버지가 그립고 잘해드리지 못한 것이 후회스럽습니다. 제가 화곡동교회에 와서 신실한 믿음으로 살려고 힘쓰는 중에 입학한 아버지학교 교육을 통해서, 아버지께 대한 원망과 상처가 사랑이란 감정으로 새롭게 움트는 것 같습니다.

허송으로 세월만 보냈을 뿐 저도 아버지로서의 존재감을 가지지 못했었는데 이제야 진정한 아버지가 되어가나 봅니다. 아버지께 못 느꼈던 사랑을 아버지의 손자에게 듬뿍 주면서 거듭난 삶으로 살아갈까 합니다.

아버지! 언제일지 모르지만 천국에서 반갑게 만나게 되길 바랍니다.

아들 낙규 올림

답장을 기다립니다

바나바 조
김종익 성도

오늘 추석 차례 상을 정리하면서 하늘나라에 계신 아버님께 꼭 상의 드릴 일이 생겨서 이렇게 편지를 쓰네요.

아버님과 헤어진 지도 벌써 14년이나 지났습니다. 우리는 다들 열심히 잘살고 있습니다. 아버님은 어떻게 지내고 계십니까? 어제 막내 동생만 혼자 내려와서 조금은 서운하셨겠지요? 저 역시 동생들과 상의할 일이 있는데 혼자 와서 서운하게 생각하면서도, 한편으로는 큰일을 논의하는 데 오히려 도움이 될 수도 있다고 생각했습니다.

추석 당일은 비가 온다고 해서 어제 동생을 데리고 아버지 산소에 잔풀 정리를 하면서 동생과 한 시간 정도 서로의 의사를 존중하며 논의한 바, 금년 아버지 기일에는 추도 예배를 드리기로 잠정 합의를 봤습니다. 동생의 눈가에 어리는 근심을 어떻게 처리할까 걱정이 되지만, 나머지 동생들과 상의하기 전에 먼저 아버지 의견을 듣고 싶습니다.

앞으로 45일 후면 아버지 기일입니다. 아무리 하늘나라가 먼 곳이라 해도 40일이라면 넉넉하지 않을까요? 그 시간 안에 답장을 부탁 드리겠습니다. 혹 아버님께서 동생들을 직접 설득하느라 시간이 없으시면 답장을 안하셔도 됩니다.

참! 어머님의 뜻이 궁금하시겠군요. 어머님은 큰아들의 의사에 동의하셨습니다. 아쉬워하는 면이 없지 않았으나 그래도 80%는 찬성하신 사실을 참고해 주세요.

이번 추석 차례 상은 다른 때보다 더 정성을 드렸는데 아시는지요? 큰며느리도 두말 안하고 어머님이 하라는 대로 정성을 다한 사실은 아버님도 인정하시지요. 이번 아버지 기일뿐 아니라, 기제사도 정성을 다해서 모시겠다고 약속합니다.

아버지, 답장을 기다리며 이만 줄입니다.

큰 아들 올림

04 나의 아내 칭찬할 점

나의 아내 칭찬할 점

화사아 조
조태영 집사

1. 가족에게 사랑을 많이 베푼다.
2. 항상 가족 건강을 생각한다.
3. 자녀 교육에 적극적이고 관심을 갖는다.
4. 모든 일에 적극적이다.
5. 근면하고 성실하다.
6. 정직하고 매사에 순수하다.
7. 항상 기도하고 믿음으로 생활하려고 노력한다.
8. 남편이 믿음의 동반자로 나태해질 때 더욱 기도한다.
9. 부모님께 항상 잘해 드린다.
10. 시댁 일에 발 벗고 나선다.
11. 무슨 일이든 계획적이다.

12. 손재주가 좋아 가정 살림을 잘하고 깨끗이 가꾼다.
13. 가정 중심적이다.
14. 책임감이 크다.
15. 이웃이 어려운 일이 있을 때 발 벗고 나선다.
16. 나의 사랑하는 아내가 된 것 정말 감사한다.
17. 나의 어려움을 가장 잘 알고 챙겨준다.
18. 약속을 잘 지키고 눈물이 많고 사랑이 많다.
19. 근검절약하고 적은 봉급 가지고 저축한다.
20. 너무나 예쁘고 볼수록 사랑스럽다.

나의 아내 칭찬할 점

조각목 조
김재곤 집사

1. 지혜롭다.
2. 근면하다.
3. 검소하다.
4. 사랑스럽다.
5. 절제력이 남다르다.
6. 아름답다.
7. 겸손하려고 노력한다.
8. 분수를 지킨다.
9. 결단력이 있다.
10. 사려가 깊다.
11. 남편을 잘 챙긴다.

12. 자녀들에게 교육적 배려를 잘한다.
13. 통찰력이 있다.
14. 신앙 안에서 노력한다.
15. 남의 어려움과 아픔을 헤아릴 줄 안다.
16. 포용력이 있다.
17. 리더십이 있다.
18. 아직도 순수하다.
19. 약한 듯하나 강하다.
20. 가정에서 아내와 어머니의 역할을 잘 감당한다.

나의 아내 칭찬할 점

주제아 조
고방주 집사

1. 가정을 위해 새벽이나 낮이나 기도 드릴 때.
2. 가족의 건강을 위해 화학 조미료 넣지 않고 음식을 만들 때.
3. 교회에서 맡겨진 일에 최선을 다해 봉사할 때.
4. 남편을 위해 항상 기도하고 신경 써줄 때.
5. 가정을 위해서 알뜰하게 살림해 줄 때.
6. 자녀들을 위해서 헌신하고 뒷바라지해 줄 때.
7. 항상 정도를 걸으며 매사에 적극적이고 자신감이 넘칠 때.
8. 경제적으로 궁핍해도 불평 없이 성실히 살림해 줄 때.
9. 엄마의 섬세함과 자상함으로 자녀들이 순종하고 잘 따라줄 때.
10. 시댁 식구 일에 적극적으로 동참할 때.
11. 아무리 어려워도 불평불만 없이 주님이 주신 일이라 받아들일 때.

12. 주의 종의 말씀에 항상 긍정적이고 순종할 때.
13. 남들이 어떠한 얘기를 해도 남의 흉을 보지 않을 때.
14. 몸이 아파도 인내로 이기려고 노력할 때.
15. 아무리 힘들어도 집안이 항상 정리 정돈되었을 때.
16. 자녀들 공부를 위해 새벽 2-3시까지 잠 안 자고 같이 성경 볼 때.
17. 자기에게 주어진 일에 최선을 다할 때.
18. 모든 일을 긍정적으로 생각할 때.
19. 남편을 만나 고생해도 남의 탓을 안 할 때.
20. 날마다 건강을 위해 신경 써줄 때.

나의 아내 칭찬할 점

예사 아사 조
김춘배 집사

1. 당신 마음이 한결같이 곱고 아름다움을 존경하오.
2. 하나님께 신실하고 주님을 사랑하는 믿음을 본받을 만하오.
3. 단아하고 여성으로서의 덕목을 세워감을 존경하오.
4. 주님의 기뻐하시는 뜻에 따라 기도 드림은 큰 체험이고 은혜였소.
5. 두 아들을 신앙으로 바르게 성장시킴을 감사하오.
6. 경제적인 난관 시 동반자로 힘과 용기를 준 것 잊지 못하오.
7. 가정을 안식처로 손색 없게 만드는 당신의 노고에 감사하오.
8. 우리 형제자매 간의 우애를 위한 당신의 배려가 늘 고맙소.
9. 주변의 많은 분들이 당신을 좋아하고 사랑하는 것이 자랑스럽소.

10. 아침 식사 거르지 않도록 이른 시간에도 조반을 꼭 차려주니 감사하오.
11. 별 재료 없이도 맛있게 요리하는 당신 솜씨를 자랑하오.
12. 전화하여 먹고 싶은 것 물어서 만들어 줄 때 행복하오.
13. 언제나 변함없는 당신의 사랑과 헌신이 고맙고 행복하다오.
14. 아들, 며느리의 부족한 부분도 감싸주고 사랑하여 존경스럽소.
15. 적은 월급도 감사하고 알뜰하게 생활하는 당신이 정말 고맙소.
16. 제대로 된 옷 없이도 예쁘고 단아한 당신은 사랑스럽소.
17. 나의 인생에 당신을 만난 것이 행운이오.
18. 당신이 신앙의 동역자임이 큰 힘이오.
19. 힘들어도 짜증 내지 않는 너그러움을 사랑하오.
20. 당신의 미소는 나의 모든 것을 새롭게 하는 희망이요 축복이오.

05 아내가 좋아하고 싫어하는 10가지

아내가 좋아하고 싫어하는 10가지

젊은 아버지들 조
안승진 집사

나의 아내가 제일 좋아하는 것

1. 가족 여행과 함께 아내 혼자 자연을 느끼는 시간.
2. 시장이나 백화점에서 쇼핑 즐기는 것.
3. 남편과 둘이서 차 마시며 교제 나누는 일.
4. 조용한 시간에 혼자 책 읽기.
5. 커피 마시며 음악 듣기.
6. 꽃다발을 선물 받을 때.
7. 특별 외식(황토 오리, 메기탕 등) 할 때.
8. 남편이 아이들과 즐겁게 놀 때.
9. 남편이 호탕하게 웃고 있을 때.
10. 담임목사님 얼굴 볼 때.

나의 아내가 제일 싫어하는 것

1. 술을 절제하지 못하고 마실 때.
2. 원하지 않는 잠자리를 강요할 때.
3. 하나님보다 환경과 내 의지대로 문제를 해결할 때.
4. 매일 기도로 하루를 시작하지 않을 때.
5. 상처에 대해 너무 집착할 때.
6. 분노를 아내나 아이들에게 폭발할 때.
7. 특정 부분(음식)에 결벽증 증세를 보일 때.
8. 가사 일(밥, 빨래, 청소)에 부담을 느낄 때.
9. 어떤 일에 나약한 모습을 보일 때(일이 안 풀려 힘들어 함).
10. 아이들과 다툴 때 자신의 무능력한 모습을 볼 때.

아내가 좋아하고 싫어하는 10가지

예사 아사 조
서승원 집사

나의 아내가 제일 좋아하는 것

1. 청소.
2. 주방 정리.
3. 외식.
4. 세탁.
5. 음식 솜씨 칭찬.
6. 가끔 새벽 기도 같이 동행.
7. 시장 같이 동행.
8. 다림질 대신 해주는 것.
9. 음식 가리지 않고 먹는 것.
10. 금연과 금주.

나의 아내가 제일 싫어하는 것

1. 아침 목욕.
2. 큰소리(잔소리).
3. 새벽 기도 가지 않는 것.
4. 늦게까지 TV 시청.
5. 술친구 방문.
6. 외손자를 못 챙겨 줄 때(조카 손자만 챙기고).
7. 실내에서 방귀.
8. 잠옷을 안 입을 때.
9. 전화 없이 늦게 귀가.

아내가 좋아하고 싫어하는 10가지

예사 아사 조
조기식 집사

나의 아내가 제일 좋아하는 것

1. 찬송 부르는 것.
2. 시편 23편 외우기.
3. 성경 읽고 외우고 쓰기.
4. 각종 기념일 챙겨주는 것.
5. 아무거라도 다른 사람에게 줄 수 있을 때.
6. 자식들의 건강한 모습과 교회에 잘 나갈 때.
7. 내가 성실함을 보일 때(교회, 운동, 성경 쓰기 등).
8. 성가대 곡이 유난히 감동적일 때.
9. 연속극의 해피엔딩.
10. 사업이 잘될 때.

나의 아내가 제일 싫어하는 것

1. 거짓말(선의의 거짓말까지도).
2. 빈말과 허풍, 사람 앞에서 나서는 것.
3. 아이들 결혼이 늦어지는 것.
4. 반신앙적일 때, 또 외모로 판단되어질 때.
5. 정치인들의 헛말(국민이 원해서, 국민을 위해서 등).
6. 내가 오락을 즐길 때(컴퓨터 게임).
7. 나의 잔소리.
8. 내가 아파할 때(관절염, 고혈압 등).
9. 내가 게으름 피울 때.
10. 자존심이 상할 때.

아내가 좋아하고 싫어하는 10가지

젊은 아버지들 조
손인욱 집사

나의 아내가 제일 좋아하는 것

1. 같이 산책하는 것.
2. 영화를 보러 가는 것.
3. 새로운 것을 배우는 것.
4. 정시에 퇴근하는 것.
5. 기념일을 잊지 않는 것.
6. 여행 가는 것.
7. 밤에 일찍 같이 자는 것.
8. 처가 식구들과 식사하는 것.
9. 깜짝 선물을 받는 것.
10. 의미 있는 모임에 참석하는 것.

나의 아내가 제일 싫어하는 것

1. 게임(플레이스테이션)하는 것.
2. 약속을 안 지키는 것.
3. 늦잠 자서 회사에 늦게 출근하는 것.
4. 이종 격투기 시청하는 것.
5. 술 마시는 것.
6. 차려 놓은 아침을 먹지 않고 출근하는 것.
7. 싸울 때 큰소리 치는 것.
8. 필요 없는 일로 시간을 허비하는 것.
9. 자신의 이야기와 상황을 기억하지 못하는 것.
10. 거짓말하는 것.

06 아내에게 보내는 편지

다시 태어나도 당신만을

좋아방 조
김송암 집사

영원한 나의 사랑, 이쁜 영숙에게!
"한 남자의 사랑을 받아주세요" 라는 한마디에 모든 조건 다 버리고 나에게 일평생을 맡기고 시집온 사랑하는 아내 영숙!
우리의 결혼이 어언 21년이 지나갔구려. 지난 시절을 돌이켜 볼 때 당신에게 정말 할 말이 없구려. 결혼할 때 약속했던 것들, 특히 신혼 여행지에서의 약속을 떠올려본다오. 1년에 한 번씩은 꼭 제주도에 오자고 했는데 여태 단 한 번도 그 약속을 지키지 못한 것을 이 글을 빌려 진심으로 미안한 마음을 전하오.
여보! 그러나 말없이 이제껏 나를 위하여 내 잘못된 생활 습관이나 행동에 불평 한번 없이, 나를 마치 왕처럼 떠받들어 주며 항상 챙겨주는 당신! 아이들을 구김살 하나 없이 맑고 명랑하며 열심히 믿음 생활 할 수 있도록 잘 양육하여 준 당신! 정작 당신을 위한 모든 것을 희생한 채 우리 가족만을 위해 헌신하는 당신! 정말 사랑하오!

　주님 안에서 만나 맺어진 우리 부부이지만 때로는 내가 세상 것에 치우쳐 살며, 의견이 맞지 않고, 믿음이 나태할 때도, 원망 없이 그저 순종하는 마음과 기도로 끊임없이 나를 믿어준 것 참 감사하오.

　내가 때때로 힘들고 지쳐 있을 때 당신의 위로의 말 한마디는 나에게는 힘이 되고 용기를 주었다오. 이제는 일평생 세상 것보다 주님 일에 열심을 다해 행하기로 우리 부부는 약속하였지요. 그것이 우리의 기쁨이고 보람이라는 걸 함께 느낄 수 있어 너무 감사하오.

　여보! 앞으로 힘들고 어려운 고난이 있다 해도 우리 주님 붙잡고 의지하면서 서로 격려하고, 때로는 등이 가려울 때 서로 긁어 주며, 한쪽이 불편할 때 반쪽이 되어주는 참 아름다운 부부로 살기를 다시금 다짐하오.

　우리를 주께서 부르실 때 함께 주님을 찬양하며 나아갑시다. 이 세상에 다시 태어난다 해도 당신을 사랑하렵니다.

영원한 당신의 남편 송암 드림

그대 있음에

아 바나바 조
이한구 집사

여보! 사랑의 편지를 쓰면서 생각하니 28년 전에는 온통 당신만을 사랑하며 필요충분조건을 갖추고 부족함 없이 당신을 내 아내로 맞이했거늘, 지금에 와서 지난날들을 영상화해 보니 부끄럽고 할 말이 없군요.

인자하시고 자상하신 장인 어르신, 말끔하고 예쁜 장모님, 처가는 즐거움과 행복이 가득했고, 처남 처형들 8남매 중에 막내로 자라온 당신 역시 모든 것을 갖추고 있었지요. 환경과 분위기가 다른 가문으로 시집와서 오늘날까지 인내와 용서로 잘 지내주어 정말 감사하고 고마워요.

아버지학교는 주님이 주신 참 좋은 선물인 것 같아요. 마음으로 벼르고 있긴 했어도 이때가 아니면 언제 당신한테 편지를 써

보겠어요? 지난날들 생각해보니 수많은 희로애락이 우리 부부 사이를 지나갔습니다. 이 모든 것('봉천동 부엌방, 광명시에서의 하혈, 등촌동, 화곡동 사업 사건 등')이 추억으로 묻어 버리기에는 너무나 아쉽고 지울 수 없는 일들이긴 하여도 두 번 다시 이런 일이 없었으면 합니다.

앞으로는 좋은 일만 있도록 언제나 기도하고 주님만을 섬기는 삶을 살도록 합시다. 남은 인생도 당신만을 사랑하며 살겠습니다.

여보! 지난 시절의 아픔이 앞으로는 우리가 잘살아갈 수 있는 밑거름이 되리라 믿고 있습니다. 이 사랑의 편지를 쓰기 전에 차 안에서 며칠을 혼자서 쓰고 싶은 그 수많은 사연들을 생각하니 눈물이 앞을 가려 마무리를 못하고 말았답니다.

여보! 지금 나는 정말 행복합니다. 당신하고 함께 이렇게 살고 있다는 것이 말할 수 없이 좋아요. 죽어서 다시 태어나도 당신하고 다시 결혼할 거라고 확실히 말할 수 있습니다. 고마워요. 이렇게 생각할 수 있는 것은 당신 덕택이 아니겠소?

힘들고 어려웠던 일, 즉 생각하고 싶지 않은 사건과 일들을 이제 잊어버리고 주님 안에서 행복한 일만 생기기를 바랍니다. 마지막 날까지 주님과 함께할 수 있도록 기도로 마무리하겠습니다.

여보! 사랑합니다. 사랑합니다. 당신만을 사랑합니다!

사랑하는 당신 남편이

코스모스 속의 소녀에게

용감히 나가자 조
장성주 집사

석모도의 선착장 휴게소에서 잠시 당신에게 몇 자 적습니다. 근 40여 년 전 부산 대연동 신흥교회 앞으로 이사 왔을 때, 코스모스 속에서 놀던 아름다운 아이가 이제는 머리카락이 희끗희끗한 중년이 되었구려.

그동안 우리에게 내려주신 하나님의 축복을 어떻게 감사해야 할까요? 예린, 예훈, 예은이를 건강하게 출산하고, 매일 저녁 성경 이야기를 들려주며 양육시키던 당신의 모습이 엊그제 같은데 벌써 강산이 두 번이나 변한 세월이 흘렀구려. 막내를 가졌을 때 아버님이 돌아가시고 홀로 된 어머님을 수발하며 끝까지 인내하던 당신의 모습에서 룻과 같은 믿음과 순종을 찾게 된다오. 결혼 20주년을 맞아 처남이 살고 있던 프랑스와 유럽의 여러

나라를 여행할 때 기뻐하던 모습과 그곳의 아름다운 정경들이 오버랩되면서 인생은 하나님이 우리에게 주신 아름다운 순간들로 엮어진 고운 그림과도 같은 것이라고 느끼게 된다오. 그 속에서 잠깐씩 보이는 얼룩 같은 나의 실수들과 철없었던 행동들의 아릿한 아픔과 후회들을 발견하게 된다오.

여보! 주께서 주신 이 가정을 주님이 원하시는 대로 꾸려나가 봅시다. 비록 넉넉하지 못해도, 늘 감사하고 기뻐하는 밀레의 그림처럼 감사하며 하루하루를 살도록 합시다. 주님의 나라에 가는 그날까지.

     코스모스가 아름다운 가을날에 수줍은 소년이

인생의 소중한 것

예사 아사 조
이갑선 집사

　사랑하는 당신에게 정말 아주 오랜만에 편지를 쓰게 되는 것이 아닌가 생각됩니다. 내 기억으로는 결혼을 앞두고 연애 시절 10통의 편지나 썼을까? 그게 전부였을 거라고 생각되는데…… 그렇지요?
　주님의 사랑과 뜻으로 아버지학교에 들어와 새롭게 당신에게 편지를 쓰려니 겸연쩍어 망설여지기도 하고, 한편으로 미안한 마음도 드는군요. 왜냐고요? 입으로는 당신을 사랑한다는 말 한 마디 못했지만 지면을 통해 말하고 싶기도 하고, 지나온 세월 돌아보면 나의 잘못된 삶이 모두가 아쉬움뿐이니 당신에게 진정으로 위로의 마음을 전하고 싶기 때문이지요. 이제 와 생각하면 사랑하는 당신에게 아가페의 무조건적인 사랑을 왜 베풀고 살지 못했는지 후회가 되네요.

  며칠 새 가을이 깊어졌습니다. 내 인생에도 가을이 깊어질 것을 알므로 당신을 위해 오늘을 의미있게 보내려고 합니다. 여보! 우리가 살아 있다는 것은 무엇일까요? 차츰 나이가 들면서 진정 소중한 것이 무언지 자주 생각하게 되오. 이제 살아온 날들보다 살아갈 날들이 훨씬 적고 얼마 남지 않았다는 걸 늘 기억합시다. 그렇다면 하나님의 말씀을 이해하는 우리의 신앙과 인생이 더 진지해질 수 있을 것 같아요.

  우리가 함께 살면서 가장 힘들 때가 노량진의 상도동 입구에 살 때구먼. 무엇이든지 해야 되겠다는 각오로 청계천에 나가 리어카를 한 대 사서 시내를 거쳐 제1한강교를 건너 노량진까지 끌고 왔었는데, 그때는 도로가 얼마나 복잡했던지……. 뒤에서는 클랙슨을 눌러 대며 비켜 달라며 욕을 퍼붓던 운전자들 목소리도 귓가에 쟁쟁하고, 서투른 리어카를 끌고 와서 호떡 장사를 하면서 당신하고 파출소에 끌려가서 수모를 당하기도 했던 일이 마치 어제인 듯 떠오르는구려.

  지나온 수많은 어려웠던 일을 생각하면 그때는 우리에게 그 과정이 꼭 필요해서서 하나님이 연단하시고 훈련시키신 듯하오. 지금 형통한 길로 인도하셔서 복을 내려주신 것에 감사할 줄 알라고 하시는 주님 뜻이 아닐까 생각하오.

  우리, 어려울 때마다 지난날을 생각하며 힘내고 주님 안에서 더욱 베푸는 삶을 열심히 살아갑시다. 사랑하오!

당신 남편이

미안하오, 사랑하오

조각목 조
오양용 집사

　결실의 계절 가을에 사랑하는 당신에게 편지를 쓰려고 하니 가슴속 깊은 곳에서 그 무엇인가가 솟구쳐 올라오네요. 삶의 현장에서 바삐 움직이다 사랑의 편지 한번 쓰지 못하고 5년이란 시간이 흘렀다니 나도 참 무심한 남자라는 생각이 듭니다.
　진실한 마음을 서로 주고받는 것이 사랑의 근본이라고 말하지만 따뜻한 마음, 정다운 웃음, 반가운 인사, 깊은 애정의 표현을 삶 속에서 나타내며 조금 더 배려하지 못한 것이 가슴을 아프게 합니다.
　사랑하는 나의 아내여! 우리 가정은 사랑에서 시작하여 사랑으로 일관되고 사랑으로 마무리 짓는 하나의 대서사시로 쓰였으면 좋겠습니다. 동고동락하는 삶 속에서 서로에게 버팀목이 되어줄 때, 그 사랑의 나무에는 아름다운 열매가 많이 열릴 것으로 믿어집니다. 부족한 것 많은 나의 동반자로서 지금까지 함께 해준 당신께 감사 드립니다.

  님이시여! 사소한 것으로 투정 부리고, 신앙적인 차이점을 인정하지 못하고 고집을 부렸던 것 사과합니다. 바다같이 넓은 아량으로 용서해 주시오.

  사랑하는 나의 아내여!

  어렵게 만난 사랑이기에 사랑의 주체가 되는 동시에 사랑의 객체가 되어야 하며, 항상 서로 격려하고 칭찬해서 부족한 부분을 채워 나가야 할 것입니다. 왜냐하면, 쌍방 통행인 사랑만이 영원히 함께할 수 있기 때문입니다. 사랑해요! 사랑합니다! 아무리 적어 보여도 부족한 것 같은 글귀입니다. 당신을 아주 많이 사랑합니다.

당신의 동반자 드림

억새 바람 속의 당신 모습

좋아방 조
김연철 집사

　깊어가는 가을, 억새꽃만 하얗게 흔들어대는 11월에 접어들었네요. 이렇게 가을은 자꾸 깊어가는데 나는 당신한테 아무것도 안기지 못한 채, 또 한 해를 보내야 하는 텅 빈 가슴으로 당신을 향해 조용히 생각에 잠깁니다. 많은 세월 속에서, 어렵고 힘들게 긴 고통까지도 결코 화내지 않고, 참고 인내하며, 스스로 이겨내는 방법을 터득하며 살아왔던 당신이었기에 오늘은 더욱 나를 숙연하게 만드네요.
　아무것도 가진 것 없고, 정말 어려운 환경 속에서도 맏며느리로서 당신이 지금까지 살아온 모든 일상들이 나에게는 위로요, 힘이며, 또한 희망이었다오. 내가 힘들고 어려울 때도 당신은 침묵하며 지켜주었지요. 30년 가까이 시어머니와 당신과의 관계는 아마 친딸만큼 확실한 모녀지간같이 지냈고, 더불어 동서들과의 관계에서도 당신은 맏형님으로서의 임무를 너무 잘해 왔기에 항상 마음속 깊이 당신에 대한 감사를 느끼며 살아왔소.

특히 명절이나 6남매 식구들 모두가 다 모일 때도, 그 많은 음식을 준비하면서, 절대 당신이 먼저 짜증 내거나 화내는 때가 없었는데, 하찮은 일에 내가 되레 당신 신경을 건드리며 도움이 되지 못한 과거를 진심으로 사과하리다. 사랑 표현 못하는 못난 남편의 잘못이려니 하고 이해해 주길 바라오.

감사해 하면서 용서 받을 게 어디 이뿐이겠소만, 꼭 한 가지만 보탠다면 우리 가족을 위해 새벽마다 하나님께 기도하는 당신의 기도를 진심으로 감사하고 있소. 당신의 정성 어린 기도가 꼭 이루어지리라고 나는 믿고 있다오.

나 역시 우리 아이들을 위해서 멈췄던 기도를 다시 시작하겠노라고 다짐합니다. 내일부터는 우리 부부 함께 열심히 기도하며 항상 감사하는 마음으로 이 가을을 보냅시다.

늘 묵묵히 지켜보며 사랑으로만 보살피는 당신! 나는 그런 당신이 옆에 있어 오늘도 너무 행복합니다. 높고 푸른 가을 하늘만큼이나 사랑합니다. 사랑하는 나의 당신이시여!

　　　　　　　　하얀 억새꽃이 아름다운 가을날 당신의 남편이

07 자녀에게 감사할 점

자녀에게 감사할 점

좋아방 조
홍순태 집사

1. 이름(요셉)처럼 신앙생활을 잘하고
2. 웃어른께 인사를 잘하고
3. 운동을 잘하며
4. 명랑하고 쾌활하고
5. 청결한 몸 간수와
6. 학교 생활을 즐거이 하고
7. 선생님들과 친숙하게 지내며
8. 친구가 많은 것과
9. 공부를 잘하니 고맙고
10. 어머니가 해주는 음식은 가리지 않고
11. 모든 말에 순종하며

12. 음악을 좋아하고
13. 심부름을 잘하며
14. 가족을 사랑하는 마음이 크고
15. 형을 존중하며
16. 용돈을 아껴 쓰고
17. 책을 많이 읽으며
18. 옷을 단정하게 입고
19. 자기 방을 잘 정리하며
20. 아빠의 친구가 되어 장기를 두는 것이 고맙고 감사하다.

자녀에게 감사할 점

예사 아사 조
남기흥 집사

1. 얼굴이 잘생겼음.
2. 부모에게 순종을 잘함.
3. 두 명의 동생들에게 많은 관심을 가지고 잘 돌보아 줌.
4. 직장 생활에 최선을 다하고 있음.
5. 남을 배려할 줄 아는 성품을 가졌음.
6. 매사에 철저하게 준비하는 생활 태도를 가졌음.
7. 정리 정돈을 잘함.
8. 깨끗한 환경을 만들고 가꾸려고 함.
9. 어려운 일이라도 쉽게 포기하지 않음.
10. 자신의 미래에 대한 확실한 비전을 가지고 있음.
11. 주위에 많은 친구들이 있음.

12. 다른 사람들과 쉽게 사귀고 친해짐.
13. 책임감이 강함.
14. 새로운 것을 추구하려는 의지가 큼.
15. 우리 가족에 대한 관심과 애정이 많음.
16. 친구나 선배, 후배들에게 최선을 다함.
17. 남에게 피해를 주지 않으려고 애씀.
18. 몸이 건강해서 가족들에게 걱정을 끼치지 않음.
19. 자신에게 좋지 않은 일이 있어도 밖으로 드러내지 않음.
20. 남의 약점이나 잘못을 잘 감싸줌.

자녀에게 감사할 점

아 바나바 조
최귀협 집사

1. 건강하게 잘 자라준 것.
2. 교회를 잘 섬기고 믿음 안에서 바르게 사는 것 .
3. 음식을 가리지 않고 잘 먹는 것.
4. 항상 자기들의 위치를 전화로 알려 주는 것.
5. 할머니를 잘 따르고 잘 모시는 것.
6. 예능 쪽으로 특별한 달란트를 가진 것.
7. 남매간에 우애가 돈독한 것.
8. 부모 말에 순종하고 이의를 달지 않는 것.
9. 사생활 문제를 숨기지 않고 부모와 의논하고 조언을 잘 듣는 것.
10. 기상 시 자신의 침구를 잘 정리 정돈하는 것.
11. 스스로 잘 챙겨 먹는 것.
12. 친구들과 잘 어울리고 남을 배려해 주는 아름다운 마음씨.

13. 인사성 밝은 것.
14. 술, 담배 하지 않는 것.
15. 메이커 제품을 사달라고 조르지 않는 것.
16. 외박을 하지 않고 늘 11시 전에 귀가하는 것.
17. 말썽 부리지 않고 바르게 자란 것.
18. 핸드폰 요금 아껴 쓰는 것.
19. 월급을 타서 부모님께 맡기고 필요한 만큼 타서 쓰는 것.
20. 거짓말을 하지 않고 정직한 것.

자녀에게 감사할 점

젊은 아버지들 조
김진배 집사

1. 나에게 환하고 해맑은 웃음을 선사하는 것.
2. 아들은 또 다른 나임을 자각게 하는 무언의 교사다.
3. 부부 사이의 가교이며 새로운 활력소이다.
4. 커나가는 모습을 보면 한없이 기쁘다.
5. 밖에서 일하느라 지치더라도 아이와 만날 것을 생각하면 힘도 나고 기대감도 커진다.
6. 밥 먹는 시간이 더디기 때문에 한편으로 기다리는 것을 배우기도 한다.
7. 내 뜻대로 커줄 수는 없기에 겸허한 마음을 갖게 한다.
8. 아빠가 기도해 준다고 할 때 어색해 하면서도 따라주는 것.

9. 건강하게 커가는 것.
10. 유치원 교육에 잘 따라주는 것.
11. 고집 피우다가도 부모가 혼낼 때 자신의 잘못을 인정하고 따르는 것.
12. 부모의 질책에 상처 입지 않고 언제 그랬냐는 듯 어울리는 것.
13. 가끔 아빠 언제 집에 오냐고 아빠를 그리워해주는 것.
14. 교회 유치부에 잘 출석하는 것.
15. TV 시청을 줄이는 것에 동의해 준 것.
16. 엄마가 아플 때는 크게 귀찮게 않고 혼자 잘 노는 것.
17. 아빠가 가끔 안마해 달라고 하면 곧잘 안마해 주는 것.
18. 크게 군것질에 욕심 안 내고 밥만 주로 먹는 것.
19. 점차 어른께 인사하는 법을 배워가는 것.
20. 잠투정 안하고 일찍 잠자리에 드는 습관을 가진 것.

자녀에게 감사할 점

용감히 나가자 조
임상국 집사

1. 주일을 거룩히 지킨다.
2. 식사 때마다 기도한다.
3. 항상 부모님과 의논하고 보고한다.
4. 동생(오빠)과 다투지 않고 사이좋게 지낸다.
5. 교만하지 않고 겸손하다.
6. 게으르지 않고 부지런하다.
7. 거짓되지 않고 진실하다.
8. 검소한 생활을 하다.
9. 절제된 생활을 한다.
10. 계획을 세워 스스로 한다.

11. 친구들에게 인기가 좋다.
12. 정리 정돈을 잘한다.
13. 남을 배려하는 행동을 한다.
14. 공손한 말을 쓴다.
15. 컴퓨터 게임에 몰두하지 않는다.
16. 마음이 산만할 때 부모에게 기도를 부탁한다.
17. 어려운 일이 있을 때 가족을 위해 기도한다.
18. 매사에 감사한 마음을 갖는다.
19. 웃음을 잃지 않는다.
20. 목표를 세워 꾸준히 정진한다.

08 자녀에게 편지 쓰기

네가 있어 더 아름다운 세상

조각목 조
김재연 집사

사랑하는 딸아!

풍성함이 영글어가던 가을의 바쁜 추석 전날! 엄마의 사랑을 머금고 축복 속에 대기와 호흡하며 내게 아버지란 이름을 주며 태어났던 너!

고사리 같은 손으로 내 손가락을 쥐며 눈을 맞출 때 가정의 울타리를 가꾸어야 할 책임이 커지는 걸 느꼈단다. 목사님이 세례 후 내게 널 건네주실 때는 주께 너의 길을 맡기며 아빠 마음속에 편안함이 가득했던 것도 기억이 새롭구나.

건강하기를 기도 드린 응답으로 넌 늘 사내아이처럼 건강했지. 깨지고 부서지는 순간들에도 믿음 직하게만 여겨졌단다. 그러나 어느 날인가 부쩍 커버려 나와 비슷한 키로 자란 너의 모습에 어른스러움이 느껴지고, 훌쩍 떠나버릴 것 같은 초조한 마음도 들기 시작했다.

　오늘 아버지학교의 숙제 덕에 다시 한번 우리 딸과의 관계를 생각하며 이렇게 편지를 써본다. 딸아! 하는 일에 늘 하나님께서 함께하시고 동행하신다는 생각으로 주님 보시기에 부끄럽지 않게 모든 일에 최선을 다하기를 바란다. 남을 의식하며 세상을 살아가야 한다는 말은 아니지만, 늘 주위 사람과 웃어른을 공경하며 하나님을 믿는 자로서 주님께 해가 되는 행동으로 손가락질 받는 일만큼은 없었으면 한다.

　나이가 들어가며 벌써 인생의 가을걷이를 생각해야 할 아빠의 자리에서 바라보니 혹시 내가 주었던 상처 때문에 너의 인생에 해가 되지나 않았을까 걱정이 된다. 너무 이른 나이에 세상 물정을 알게 하지나 않았는지……

　가난이 단지 불편할 뿐이라고는 하지만 네게 나쁜 영향을 주지는 않았을까 미안함과 걱정이 앞선다. 혹시 사랑한다는 미명하에 내 판단의 틀에 널 맞추려 하고 네 의견을 무시한 채 강압적으로 이끌어 네 계획에 차질을 주지는 않았는지 우려가 크구나. 하지만 이 모든 것이 모두 널 위해서였다면 너무 상투적일까?

　사랑하는 딸아! 모든 인생의 무거운 짐을 주께 맡기고 밝고 건강한 삶을 살아가길 기도하마. 아빠에게 네가 있어서 이 세상이 더 아름다움을 기쁨으로 고백한다. 아름다운 네가 내 딸임을 감사하며, 짧지만 아빠의 마음을 몇 자 적어 보았다. 사랑한다, 딸아!

은정이를 사랑하는 아빠가

사랑이 사랑을 낳은 감사

진솔한 친구들 조
이남영 집사

영애 보아라!

여느 부모들도 다 그러하겠지만 첫째에게는 특별함이 있단다. 아빠, 엄마는 모든 기대를 너에게 집중했고 태어날 때부터 서른이 된 지금까지, 혼신의 사랑과 기도 열정을 가지고 너를 지켜보며 생활하고 있음을 자부한다.

지금 지나온 날들을 돌이켜보니 초등학교부터 대학원 졸업까지 학업 성적은 상위에 들어야 만족했던 부모의 바람과 요구는 너를 무척 힘들게 했을 것 같구나. 때로는 감수성이 예민할 때 상처 주는 말도 많이 해서 너의 눈에 닭똥 같은 눈물을 흘리게 했으니, 그런 부모에게 서운함과 원망도 많았겠지……. 그건 결코 부모의 욕심보다는 네가 잘되길 바라는 아빠의 사랑이었음을 거리낌없이 말할 수 있단다.

  힘들고 괴로워할 때 너에게 한 말이 기억나는구나. 어느 한 곳에 집착하지 말고 그곳을 떠나보면 시야가 넓어지고 다른 기쁨이 있다고……. 그동안 잘 참아주고 열심을 다해 현실에 적응해 준 거 고맙다. 다만 아쉬운 것이 있다면 아빠가 영애에게 보다 자상한 아빠로 따뜻하고 부드럽게 정겨운 말로 사랑을 전하고 싶었는데 마음과는 달리 실제적으로는 그보다 잘못했던 것이 많은 거야.

  사랑하는 영애야! 이제 좋은 직장과 무엇보다도 행복한 결혼으로 손자 성국이를 우리 품에 안겨 주었으니 우리는 너무도 기쁘구나. 엄마는 네가 아기 낳으려고 병원에 갔을 때 그 해산의 고통을 어떻게 감수해야 할지 걱정스러워하며 그 자리를 피하고 싶다고까지 말하더니, 네가 순산하니 누구보다 기뻐하며 감사해 하시더라. 새벽마다 하나님께 기도 드리는 엄마가 있어 우리 가정이 늘 행복하다고 믿는다. 이제 식구도 늘었으니 더 감사함으로 살고 윤 서방에게도 신경 많이많이 쓰렴. 그 큰 눈으로 싱글벙글 행복해 하는 모습이 참 보기가 좋더라.

  늘 장녀로서 동생들 배려도 잘해 주고 잘 이끌어주어 고맙다. 아빠도 이제는 부족한 것 보완하고, 부담 가는 언어나 행동은 삼가며, 사랑의 덕담으로 생활하도록 노력하련다.

  우리 손자 성국이 우는 소리가 크게 들린다. 그래도 그 울음소리가 참으로 듣기가 좋구나!

늦은 밤에 딸을 생각하며 아빠가

아빠의 고백

젊은 아버지들 조
안오룡 집사

창건아! 네가 벌써 15살이 되었구나. 아빠만큼 키도 크고, 어깨가 벌어지는 모습을 보니 참 듬직하게 보인다. 어렸을 때 자전거를 끌고 다니며 놀던 모습이 아직도 아빠의 눈에 아른거린다. 그때 아빠의 사랑이 너무 부족했지? 아빠의 관심이 부족했지? 바쁘다던 핑계로 한번도 생일을 기억하여 선물을 챙겨 주지 못했던 점, 지금은 후회하고 있단다. 더 큰 관심을 갖고 사랑으로 감싸 안아 주었어야 했는데……

그때 아빠가 조금이라도 대화를 해주고 창건이 눈높이로 이야기를 나누었다면 창건이가 지금보다 더 좋은 모습이 되었을 텐데……. 그렇다고 지금의 창건이 모습이 부족하게 느껴져서 하는 말이 아니란다. 아빠가 회사일이 바쁘다는 핑계로 아빠의 의

무에 소홀했던 것으로 여겨져 미안함을 표현하는 것이지.

지금 창건이의 모습은 아주 훌륭하다. 얼마 전 아빠가 네가 속해 있는 중등부 교사를 지원해 처음 출석하여 앉아 있을 때, 어색함을 덜어주려 아빠에게 다가와 말을 거는 네가 얼마나 대견했는지 모른다. 그리고 그런 너의 맑은 모습이 사랑스럽고 자랑스러웠다. 따라서 그동안 네게 깊은 관심과 사랑을 주지 못했음을 또 자책하게 되더라. 또 어제 나의 생일을 기억한 것이 너였다니…….

네가 아빠에 대해서 관심을 가져주니 너무 기쁘다. 창건아, 항상 건강하고 모든 것에 최선을 다하는 아들이 되어다오. 그리고 잊지 말고 꼭 기억하렴. 아빠가 항상 너의 든든한 후견자로 뒤에 있음을. 누구보다 너를 사랑하고 있음을.

창건이를 사랑하는 아빠가 씀

네 도전이 자랑스럽다

아 바나바 조
장낙현 집사

데오빌로여!

오늘은 무척이나 쌀쌀한 것이 벌써 초겨울의 문턱인 느낌으로 옷깃을 여미게 하는구나. 문득 이 겨울의 시점에서 우리 지영이를 보고 싶은 마음이 울컥 솟구쳐 이렇게 펜을 들었단다.

주님의 보살핌과 큰 은총 속에 건강하게 학업과 생활에 충실하고 있겠지? 그곳의 날씨와 생활 풍습과 무엇보다도 잠자리와 식생활이 염려가 되는구나. 너를 떠나보낸 후 엄마는 너의 방을 지키며 기도한단다. 물론 잠도 네 방에서(우리 지영이로 인해 아빠는 본의 아니게 별거 중임).

지영아! 이 아빠는 지영이가 무척 자랑스럽단다. 지난해에는 대원들 중 가장 어린 나이로 38박 39일간 850km를 걸어 국토를 종, 횡단하는 문화 원정대의 일원으로 자신을 던져 인내를 배우며 강한 체력을 경주하더니, 이번에는 홀홀 단신 외국으로 떠나 스스로 생활비를 벌며 어학 연수를 계획하고 실행하니, 그 기상과 결단력을 아빠는 높이 사고 싶다.

한편으로는 남들처럼 충족한 유학의 길을 보내지 못한 것이 너에게 정말 미안하구나. 하지만 언제나 아빠를 이해하고 힘을 주며 사랑하는 지영이를 알기에 더 이상 아빠도 위축되지 않으련다.

참! 이곳 생활이 궁금하겠구나. 네가 떠나며 걱정하던 언니는 너의 빈자리를 꼭꼭 채워가며 어느덧 고등부의 어엿한 교사로 한몫을 담당하고 있단다. 주일 아침마다 주보를 나눠주며 학생들을 맞이하는 모습에서 너의 언니를 향한 기도의 응답을 확인하고 있단다. 한 주도 빠짐없이 1부 예배 후 고등부 예배에 참석하여 봉사하는 모습이 참 아름답게 보이더라. 또한 자나 깨나 동생 생각에 문득 눈시울을 붉히는 너에 대한 언니의 큰 사랑도 자주 엿볼 수 있었단다.

지영아! 야곱이 아비의 집을 떠나 외로운 방랑의 길로 들어섰을 때 벧엘에서 하나님의 사닥다리를 본 것같이, 이곳에서 지영이를 지키시던 주님의 손길이 그곳(호주)에서도 변함없음을 믿고 있겠지? 큰 문제를 아주 작고 간단하게 생각하고 행동하는 너의 긍정적인 사고와, 작은 문제도 심사숙고하며 기도하는 너의 신중함으로 어려운 모든 일들을 이겨내길 바란다.

지영아! 타국 생활에 힘들고 지칠 때라도 낙망치 말고 주님이 사랑하여 주시는 연단이라 생각하고 기도로 넉넉히 이기는 삶을 살아다오. 또한 어디서든지 대한민국의 국민임을 자각하여 말과 행동을 삼가 조심하고 겸손으로 띠를 띠는 참 그리스도인의 본을 보여 주님의 영광을 나타내는 생활하기를 간절히 부탁한다. 계획한 모든 일들이 하나님의 뜻 안에서 이루어지고 건강한 모습으로 만나기를 기도한다.

      이른 아침에 사랑하는 막내딸에게 아빠가

09 동료에게 편지 쓰기

사랑을 회복합시다

예사 아사 조
이완식 집사

영관 형! 이젠 초겨울의 스산함이 옷깃을 여미게 하는구먼. 그간 소식이 끊긴 지도 제법 오래인데, 불현듯 생각이 나서 이렇게 글을 띄우게 되었다오.

서로 필요에 의해 만났다고 하지만 어쩜 사업상 입은 경제적인 손실보다 서로의 믿음이 깨어지고, 이에 결부하여 무엇보다도 끈끈한 친구로서 그간 쌓아온 돈독한 관계가 망가진 데서 오는 허탈함이 더욱 서로를 소원하게 하였다고 보아지는구려.

우리는 누구보다도 잘할 수 있는 여건을 가졌기에 의기투합하여 시작한 대북 수산물 사업이 우리의 의사와는 전혀 관계없이 깊은 나락에 빠져들었소. 이에 개선을 위해 최선을 다하기보다 자네는 전혀 자본을 투자하지 않고 그저 입으로만 변명하는 모습이 싫었고, 나도 더 이상 투자할 여력도 없었지.

　우리 가족은 국내도 아닌 스페인에서 오직 나만 바라보고 있을 것을 생각하여 노심초사하며 고민에 고민을 거듭하다가, 결국은 모든 꿈의 날개를 접고 부산으로 내려갈 때 심정을 한번쯤 생각하여 보았으리라 믿소. 참으로 그때 많은 눈물을 흘렸다네.

　우리가 원하는 대로 한번도 이행되지 않는 대북 사업의 파트너가 바로 자네의 매제이고 보니, 처신에 더욱 어려움도 많았으리라 생각도 하였으나, 워낙 상식을 벗어난 무역 형태로 인해 둘이서 짜고 치는 고스톱이라 생각을 가졌던 점에 대해 용서를 구하네.

　아마도 자네 매제도 우리보다 먼저 대북 사업을 하면서 쌓은 경험을 바탕으로 상호 이익을 위해 최선을 다했다고 생각하나, 잘 알고 있는 바와 같이 북한 사회가 우리 뜻대로 따를 수 있는 여건도 아닌데 너무 기대를 많이 하였던 것에 따르는 실망감이 더 큰 것이 아니었을까 생각되는구려. 그래도 우리는 '현대'의 누구같이 목숨을 버리지 않고 있는 것만으로도 우리의 존재 가치가 충분히 있다고 위안하며, 제2의 인생을 조금 더 값지게 설계하도록 하세나.

　일시적인 잊어버림, 아니 그보다도 자신이나 남을 용서하지 않고 나가는 위선으로는, 그것으로 인한 아픔의 범주를 벗어난 사고를 할 수 없어서, 다른 영역으로 나아갈 수 없음을 뼈저리게 느끼고 있다네.

　그간 나만 아니고, 자네도 또한 나에 대하여 섭섭한, 아니 그 이상의 것도 있었으리라 생각하네만, 우리 서로 옛날 그 돈독한 사랑으로 용서하기로 하고 어느 때고 웃음으로 만나서 회포를 풀기로 하세나.

  그간 우리가 살아온 여정보다는 남은 여정이 짧으니만큼, 아름다운 유산을 남기기에 힘쓸 때라는 생각이 들고, 그중 가족, 그리고 이웃에 대한 화해와 사랑의 실천이 가장 큰 것이라고 보아지는구려. 이제는 우리가 삶의 주체가 아닌 조력자로서 살아갈 때이니만큼, 희게 센 머리나 대머리의 경륜이 헛되지 않도록 영육 간에 강건하여지도록 최선을 다하도록 하세.

완식 드림

당신이 스승입니다

예사 아사 조
남기흥 집사

형님, 안녕하십니까?
 스쳐 지나가는 바람결이 세월의 덧없음을 다시 한번 생각나게 하는 계절입니다. 그간 건강하시고, 댁 내 두루 평안하시겠지요! 저도 잘 지내고 있습니다.
 형님, 저는 요즘 섬기고 있는 교회에서 개강된 아버지학교에 입학하여 여러 가지 유익한 것을 배우는 중에 있습니다. 오늘은 동료에게 용서의 편지 쓰기가 과제이나 저에게 상처를 준 사람보다 큰 도움을 주셨던 형님이 먼저 떠올라 이렇게 편지를 쓰게 되었습니다.
 형님을 처음 만난 것이 1976년 2월이니 벌써 30년이라는 세월이 흘러갔습니다. 그때 형님의 모습은 20대 후반으로 자신이 넘치는 당당한 모습이셨는데 어느덧 공직 생활을 마무리하고 새로운 삶을 살아가시게 되었으니 세월의 빠름을 말하면 무엇하겠습니까?

형님은 지난 30여 년간 공직 생활을 하는 저에게 많은 것을 가르쳐 주셨고, 공직자로서 살아가야 할 바른길을 몸소 실천해 보여 주셨습니다. 모든 일에 최선을 다하고 직장 동료들과 인간적 우호 관계를 위하여 항상 양보하고 포기하기를 즐겨하던 형님의 모습이 눈앞에 생생하게 그려집니다.

부하 직원들의 잘못으로 형님의 입장이 어렵게 되었을 때, 모든 책임을 마다하지 않으시던 형님! 부하 직원들의 기쁜 일에는 마치 자신의 일인 양 함께 기뻐하시던 형님의 그 모습이 자랑스럽습니다.

1995년, 그러니까 제가 지방에서 서울로 직장을 옮겨 오기로 결정되었을 때 눈물을 보이시며 서운해 하시던 형님의 인자한 모습을 지금도 잊지 못하고 있습니다. 형님의 가르침과 실천을 본받아 부끄럽지 않은 공직 생활을 하고자 제 나름대로 노력해 왔습니다만, 아직도 많은 것이 부족하여 형님의 그림자조차 따라가지 못하고 있습니다.

존경하는 의열 형님!

비록 공직에서 떠나 계시지만 형님은 언제나 많은 것을 가르쳐 주시는 스승이시요, 제 삶을 살찌우게 하는 길잡이입니다. 형님, 항상 건강하시고 온 가족과 더불어 기쁘게 지내시리라 믿겠습니다. 앞으로 더 자주 소식 전하도록 노력하겠습니다. 안녕히 계십시오.

가을이 깊어가는 날 오후에
서울에서 형님이 사랑하는 아우 기홍이가 드립니다.

아픔까지 사랑하고 싶지만

예사 아사 조
신동선 집사

이 형! 그동안 평안하셨습니까?

이 형! 이 형을 만난 지도 벌써 10여 년이 훨씬 지난 것 같습니다. 그동안 이 형과 교제하며 지켜본 가운데 이 형에게 생겼던 여러 가지 어려웠던 일들이 떠올라 안타까운 마음이 듭니다. 이 형을 사랑하기에 쓰게 된 이 글을 이 형 또한 사랑의 마음으로 받아주길 바랍니다.

이 형과는 건축 현장에서 만나 알고 지내다가 내 공사 현장에 이 형이 현장소장으로 오게 되면서 고향도 같은 충청도이고 워낙 심성이 착한 분이라 가까운 사이가 되었지요. 이 형은 참 술을 좋아했어요. 그 착한 심성이 술만 마시면 딴사람이 되었지요. 이 형을 잘 아는 터라 나와 일하게 되면서 현장에서는 절대 술을 마시지 않기로 약속하고 함께 일하게 되었지만 그 약속이 얼마 못 가 깨어져 버렸어요.

사실 그 약속이 완전히 지켜지지 못해도 일에 지장만 주지 않을 정도면 이해하려고 내심 생각은 했으나, 공사를 진행시킬 수 없이 인부들의 원망이 커서 결국 일이 끝나기 전 이 형은 일을 그만두어야 했어요.

그러나 그 후에도 이 형의 착한 마음을 아는지라 다른 일도 함께하고 친분을 유지하였지요. 이 형 가족이 우리 교회에 등록하게도 되었고요. 일찍 아내를 잃고 두 아들과 생활하던 이 형은 자녀들과도 어려움이 많아 함께 상의하던 일도 많았습니다.

이 형이 자식들과의 관계도 원만치 못한 것이 모두 술 때문인 것 아시지요? 술 때문에 구치소에 들어갔던 것도 기억납니까? 벌금 내주고 구치소 앞에 기다리던 나를 보고 고마워 어쩔 줄 모르던 이 형 모습은 정말 다시는 술을 마시지 않으리라 결심한 것같이 보였어요. 그러나 술로 인해 벌어지는 이 형에 대한 갖가지 소문은 내 마음을 너무 아프게 하였다오.

지난 8월 이 형 아들로부터 이 형이 간경화라는 진단을 받았다는 연락이 왔어요. 병원 측의 정밀 검사를 거부하고 퇴원했다는 어처구니없는 소식에 이 형을 찾아가보니, 온몸이 시커멓고 배와 발이 퉁퉁 부어 죽음을 눈앞에 둔 모습이었어요.

병원 치료를 간곡히 권해도 아이들에게 짐을 주기 싫다고 치료조차 거부하던 이 형은 목사님의 기도를 받고는 술을 끊고 새로워지기로 약속했으며, 이 형의 형편을 아는 교우들도 힘을 모아 이 형을 위해 기도했지요. 거짓말같이 조금씩 나아지는 이 형 모습이 참 감사했습니다. 또한 나아진 모습으로 열심 있는 신앙 모습으로 변하려고 새벽 기도회에도 나오는 그 믿음은 또한 얼마나 보기 좋았는지 모르오. 그런데 다시 옛날 동료를 만나 술을 마셨다는 이야기를 들었소.

　이 형! 내가 이 형을 사랑한다고는 하나 이 형의 아픔까지 사랑하지 못하는가보오. 사랑하고 걱정하는 마음이 들 때마다 이 형이 술 마시는 행태를 생각하면 미움이 더 커지는 것을 어쩔 수 없소.

　이 형! 이제 다시 술을 마시다 쓰러지면 자식들도 외면할 터이고, 교회 성도들도 돌아보지 않을 것이며, 나 또한 이 형을 걱정하지 않을 것이오. 제발 부탁입니다. 술 끊고 병원 치료를 받으세요. 중독된 술이 어디 끊기가 쉽겠습니까? 어렵고 힘든 일이지만 믿음으로는 얼마든지 할 수 있습니다. 하나님의 능력을 의지하면 안 되는 일이 어디 있습니까?

　이번 이 형에게 닥친 위기가 이 형이 새롭게 다시 태어나는 귀한 기회가 되기를 기도하겠습니다. 항상 이 형을 사랑하면서 또한 미워하기도 하는 제가 이제는 사랑만 할 수 있도록 해주시오. 이 형의 결단을 촉구합니다.

신동선 집사 올림

보고 싶다, 친구야

예사 아사 조
조기식 집사

보고 싶은 친구 근종아!

아버지학교에 입학하니 너에게 편지 쓸 기회가 주어졌다. 새삼 편지라는 형식을 빌려 글로 표현해야 한다는 것이 왠지 쑥스럽구나.

사랑하는 친구야, 너와 헤어진 지도 꽤 오랜 세월이 흘러 이젠 반백의 나이를 넘어가는 우리가 되었구나. 한때는 서로가 좋아 함께 신혼 여행까지도 동행하며 우정을 나누던 너와 내가 아니었더냐!

너는 당당한 대한민국의 육군 장군이었다. 네가 어려운 형편 상 대학 진학을 못하고 3사관학교에 진학하였지. 누구든 열심히 최선을 다하면 장군이 될 수 있다는 희망의 메시지를 후배들에게 주고자 했던 네 모습이 나는 늘 자랑스러웠다. 그런 너의 입지전적인 모습을 높이 보았던 여러 기관에서도 너에게 강의를 부탁했던 걸 기억한다.

그러나 아쉽게 더 이상의 진급이 막혀 예편하던 김해공병학교에서 눈물의 예편식 이후로는 서로 간에 연락이 두절되어 만나지 못했고 소식 또한 전해 받지 못했구나. 몸은 건강하며 제수씨와 아이들은 다 평안한지 많은 것이 궁금하다.

그리고 항상 네 곁에서 네가 막내라고 너를 챙기시던 노모, 아무 때고 가서 '어머니, 배고파요' 하면, 언제나 밥을 차려 주시던 그런 우리의 어머니는 건강하시냐? 어릴 때부터 함께 신앙생활을 하고 같은 성가대에서 봉사하며 기식이 네가 내는 목소리 따라 내면 내가 음치에 가까워도 제법 소리를 낼 수 있다고 즐거워하던 너였는데, 지금도 신앙생활 열심히 하고 있는지……생각할수록 옛날이 그립구나.

그럼에도 각자가 주어진 환경 속에서 살다보니 그냥 잘 있겠거니 하며 살아온 무심한 세월은 흘러 20여 년이 훌쩍 흘러버렸어. "보고 싶다 친구야"라는 TV의 한 프로그램처럼 정말로 보고 싶구나. 언제나 신앙생활 잘하고 열심히 헌신하고 또 최선을 다해 살아가고 있으리라 믿어지는 친구야! 꼭! 보고 싶다!

지금은 연락처를 몰라 연락을 못하지만 이번 기회에 네가 사는 곳을 수소문하여 만나서 이야기하기로 하고 이만 줄인다. 꼭! 너를 찾으마! 그때까지 몸 건강히 잘 있고 또한 가내가 주 안에서 평화롭고 행복하기를 주께 기도한다. 정말로 사랑하는 친구야, 보고 싶다!

※ 추신 : 신혼 여행 때 동행했던 너의 형수(?)가 안부 전한다.

아버지학교에서 사랑하는 친구 기식이가 보냄

10 아버지학교 간증문

아버지학교에서 배운 소중한 것

용감히 나가자 조
김선수 집사

아버지학교에 등록하면서 어색한 마음과 함께 별다른 기대를 하지 않은 것이 사실이었습니다. 이미 아버지로 잘 지내고 있는데…….

그러나 아버지학교에서 공부를 하면서부터 참 잘했다는 생각을 갖게 되었습니다. 그동안 하나님을 믿으면서 마음대로 내 지식의 한계에 주님을 가두었던 신앙의 선입견과 편견, 좁은 지식으로 말씀을 이해했음을 깨닫게 되었기 때문입니다. 말씀을 읽으면서 내 삶에 적용하기보다 다른 사람의 삶에 적용시키려 하고, 기도할 때는 내 뜻대로 응답받기만 원하여 공평하고 공의로운 주님 뜻은 생각하지 못했습니다.

또한 찬양하면서 주님의 기쁨보다는 내 마음이 즐거워야 기뻤고, 신령과 진정으로 예배 드리기보다는 설교 말씀이 내 마음에 맞아야 만족하였습니다. 이런 신앙생활을 하면서도 부끄럽게 나름대로 신앙생활을 잘하고 있다고 생각하였습니다. 그런데 아버지학교에서 자녀와 아버지의 올바른 관계 회복을 다룬 영상물 "사과나무"를 보면서, 자녀들과는 물론 주님과의 관계가 바로 서지 못한 부끄러운 나 자신을 보게 되었습니다.

영성 회복의 중요성을 실감한 것은 얼마나 큰 은혜인지요! 나 자신이 얼마나 많이 주님의 말씀을 마음대로 왜곡하며 삶에 적용시키면서 살아왔는지, 얼마나 많은 의심을 하였는지, 이제부터는 주님이 나에게 주시는 말씀이 무엇인가를 바로 알고 내 삶에 적용하며, 주님의 말씀을 내 발걸음의 등불로, 내 길의 빛으로 삼고 살아가길 원합니다.

상한 마음의 치유를 배움도 유익했습니다. 내가 가진 수치심과 죄책감은 두려움과 분노로 변해 다른 이에게 책임 전가가 이루어짐을 이해하면서, 지금까지 내 입술과 혀와 행동으로 얼마나 많은 사람들에게 상처를 주었을까 뒤돌아보게 되었습니다. 나 자신이 셀 수 없을 정도로 많은 사람들에게 깊은 상처를 주었을 것을 깨닫고 기도하며 회개하게 되더군요.

이제부터는 기도하면서 상처 준 이들에게 용서를 구하며 좋은 이웃, 좋은 친구, 좋은 동역자, 좋은 신앙의 동반자가 되기로 결심하였습니다. 잠언의 '은쟁반에 금사과'라는 말씀처럼, 어떠한 환경과 상황에서도 꼭 맞는 말과 행동을 하는 사람으로 변할 것을 다짐해 봅니다.

삶의 목적이 뒤바뀌어서 참다운 행복, 진정한 평화와 평안을

누리지 못하며 살아온 것을 알게 된 것이 얼마나 기쁜지 모릅니다. 이제부터는 소중한 가정 속에서 예수님을 따르는 삶을 확실한 목적으로 삼게 된 것을 감사합니다.

아내와 자녀들에게 편지 쓸 기회가 주어졌음도 감사합니다. 편지를 쓰면서 새롭게 아내에 대한 감사와 사랑을 느낄 수 있었으니까요. 하나님이 나에게 꼭 필요한 동반자를 주심이 감사하였습니다. 이제부터는 아내의 마음을 헤아리며 사랑하겠다고 마음속으로 다짐하였답니다. 또 선물로 주신 두 딸들에게 편지를 쓰면서 그동안 마음으로만 품고 있던 사랑을 전하니 아이들도 기뻐하더군요. 이런 작은 것들을 통해 화목한 가정으로 변해가는 것을 느낄 수 있었습니다.

이러한 행복을 지속하려면 배운 것을, 깨달은 것을, 실천해야 되겠지요? 성령의 도우심을 매일 구하면서……. 좀더 일찍이 아버지학교에 다녔더라면 지금보다 이른 축복의 삶이 시작되었으리라 생각하면 아쉽지만, 이제라도 나를 위해 아버지학교가 있었다는 것에 감사 드립니다.

아버지학교를 마치며

합력하여 이루어진 선

예사 아사 조
이완식 집사

처음 시작할 때만 하여도 12주의 교육 일정을 보고 장기간이라는 생각을 하였으나, 벌써 마쳐진다고 생각하니, 끝났다는 해방감보다는 무언가 섭섭함의 여운이 남기어지는 것은 아마도 진지한 마음으로 이 교육에 임하였던 결과로 보여집니다.

본 프로그램을 준비하고 마치기까지 정성을 다한 목사님을 비롯한 도우미들에게 감사를 드립니다. 무엇보다도 매주마다 바뀌는 식단과 맛있는 음식은 기대를 부풀게 하였으며, 찬양 사역 및 기타 도우미들의 열과 성의를 다하여 봉사하는 모습에서 큰 감동을 받았습니다.

그러하기에 만약 아무런 성과 없이 끝낸다면 모두에게 미안한 일이라고 생각하고 나름대로 열심을 다하려고 노력하였던 그간의 과정을 다음과 같이 정리해 봅니다.

(1) 그간 어쩌면 나 자신보다도 주어진 가정을 위하여 그저 앞만 보고 달려온 삶의 여정에서, 그동안 나 중심으로 바라본 가정과 이웃을 모처럼 성경적으로 뒤돌아볼 수 있는 유익한 시간이었음. 부족하지만 나름대로는 주어진 여건에서 최선을 다하였다고 생각하였으나, 본 교육을 통하여 늦었지만 많은 깨달음을 얻음으로 보다 진솔하게 나와 내 가족과 주위를 살펴보게 되었으며, 이를 위하여 회개하며 기도할 수 있는 시간이 되었음.

(2) 가장이나 사회인으로서 자신을 대중 앞에 내어놓는 데 따른 자존심이 허락하지 않는 부분도 있었으나, 쓰고 또 쓰고 고쳐 쓰고 하는 가운데 보다 진솔하게 접근하게 되었음. 이 과정에서 나 자신이 먼저 많은 은혜를 받았으며, 특히 가장의 자존심상 내어 놓고 설명하기 어렵던 문제들로 인해 아픔이 있었던 것들을 가족이 함께 공유함으로써 서로 위로를 받고 가족 사랑이 예전과 같이 회복되었음.

(3) 조원 및 발표자를 통하여 본인이 느끼지 못했던 점들에 대해 감동을 받았으며, 또한 영상물을 통하여 무심코 지나치고 있는 가장으로서의 사고나 행위가 자녀나 이웃에게 미치는 영향에 대해 다시 한번 돌이킬 수 있는 소중한 시간이 되었음.

(4) 본인이 평소 즐기고 또한 사업의 핑계로 마시던 술을 멀

리하게 되었음. 이는 이제 새로 가정을 이루어야 할 자녀들을 위해 흐트러짐 없는 가장으로서의 위상을 보이기 위해서도 지켜가야 할 일이라고 생각함. 행위는 내게서 이루어졌으나, 인도하심은 성령님이라고 믿음.

(5) 많은 학생들의 참여로 인해 산만함과 조원 간에 보다 심도 있는 토론을 나눌 수 없는 아쉬움도 있었으나, 우리를 위해 기도로 후원해준 중보 기도 팀 및 우리 '예사 아사'(예수 사랑 아버지 사랑) 조를 이끌어 주신 조장과 조원 여러분들에게 감사를 드리며, 항상 주님의 은총이 함께하기를 기원합니다.

주님! 증인이 되겠습니다

화사아 조
강우영 집사

부모님의 사랑 속에 자라서, 사랑하는 사람을 만나 결혼하고, 자녀들을 가지면서, 가정을 이루었습니다. 한 가정의 가장으로 아내와 자녀를 사랑하고 가족이 가장 우선이라는 생각을 하며 살아왔다고 자부했는데, 그 자부심이 얼마나 어리석은 생각이었으며 내가 얼마나 부족했는지 아버지학교를 통해 깨어지고 부서지면서 신앙의 깊이까지 든든히 뿌리 내릴 수 있었음에 깊이 감사 드립니다.

아버지학교를 통하여 하나님이 나를 사랑하고 있음을 다시금 확신하는 가운데 새로운 직장도 허락 받게 되었고, 호산나찬양대의 총무와 기드온 부회장의 직분을 기쁨으로 섬길 수 있음에 깊은 감사를 드립니다.

어린 시절부터 하나님의 성전을 왕래하면서 주일이면 습관적으로 교회에 출석했던 형식적인 종교인에서 벗어나, 화곡동교회의 아버지학교라는 남성들의 공동체를 통하여 새로운 믿음의 비전을 보여주신 하나님을 찬양합니다. 또한 자녀로서, 아버지로서, 남편으로서의 훈련을 받으면서 한 조를 이룬 형제들에게 부족한 점을 나누는 것은 부끄러움이 아니라, 진정한 자녀로서, 아버지로서, 남편으로서, 거듭남의 훈련이었음을 고백합니다.

화사아(화곡동교회를 사랑하는 아버지들) 조의 믿음의 형제들을 통하여, 가족만이 진정한 사랑을 나눌 수 있는 것이 아니라 믿음의 형제들도 가족 이상의 깊은 사랑의 교제를 나눌 수 있다는 것이 더없이 감사하답니다.

나의 힘이 되신 여호와여! 주님을 기쁘게 하는 믿음을 갖고 싶습니다. 부모님의 보람이 되는 자녀가 되며, 아내를 사랑하는 믿음직한 남편이 되고, 자녀들에게 자랑스럽게 존경받는 아버지가 되고 싶습니다.

앞으로 몇 달 뒤, 아니 몇 년 뒤에도 바라던 대로 변한 내 모습을 가지고 아버지학교를 통해 많은 역사가 이루어졌음을 간증하는 주님의 증인이 되겠습니다.

가장 좋은 아버지로 만들어주세요

좋아방 조
김연철 집사

아버지학교는 비록 짧은 기간이었지만 제가 많은 것을 얻을 수 있는 귀한 기회였습니다. 말로만 그리스도의 제자요, 정체성이라고는 약에 쓰려도 없는 부족한 믿음이었기에 과연 그곳에 가서 무엇을 배울 수 있을까 하는 의구심이 앞섰습니다.

어머니학교를 수료한 경력을 갖고 있는 집사람의 고집 하나로 등록을 하게 되었습니다. 썩 내키지 않던 마음은 개강 첫날 수강자 명단에서 이름이 누락되었음을 발견하고, 교회 행정 탓하며 핑계 삼아 스스로 포기할까 하고 망설이기도 했습니다.

하지만 한 주가 지나가고 또 한 주 시작할 때마다 "주님, 제가 아버지입니다", "주님, 제가 아버지입니다", "주님, 제가 아버지입니다"를 담임목사님과 외치면서 얼마나 가슴이 뜨거워지던지. 앞에서 망설이고 포기하려 했던 순간이 떠오르며 부끄러워 졌습니다.

아버지학교는 잠자는 평신도들에게는 세상에서 부름 받은 하나님의 아들이라는 사실과 아버지로서의 사명을 일깨워 주고, 실천하게 이끌어 주는 진정한 배움의 장이었습니다. 밖에서는 전혀 느낄 수 없는 성도들 간의 깊은 믿음의 화합도 배웠습니다. 아버지가 가정을 지키고, 교회를 지키고, 나아가 나를 살릴 수 있다는 교훈은 참으로 값진 진리였음을 배웠습니다.

그런데 왜 이런 진리들이 학교가 끝날 즈음에야 마음에 와 닿을까요? 열심히 가르치시는 담임목사님에 대한 감사의 기도도 부족했고, 매주 준비해야 하는 과제를 소홀히 했던 게으름이 어리석은 아쉬움으로 남겨집니다.

간혹 저녁 식사로 나오는 메뉴에 더 관심을 가졌던 마음도 쑥스럽지만 고백해야 될 것 같습니다. 어디 그뿐인가요? 첫날 말씀 중에 '영성 회복을 위한 당신의 자아상을 체크해 보라'는 설문에서 가슴을 쓸어내렸던 기억이며, '마지막으로 나의 인생을 어떻게 설계하고 있나요?' 하는 종말론적 봉사 생활의 설문지에 몸, 마음 무엇 하나 보일 게 없는 저로서는 새벽 재단부터 다시 시작하자는 각오를 다지게 하였습니다.

제게 이런 내적인 믿음의 변화를 아버지학교를 통하여 하나님께서 선물로 주심을 감사합니다. 끝으로 기도 드립니다.

"주님, 제가 아버지입니다. 하나님 보시기에 가장 좋은 아버지로 가꾸어 주십시오."

아버지학교를 은혜롭게 마치면서

11 아버지학교 평가문

우리 아빠

용감히 나가자 조 김군석 집사
아들 김예준

강한 햇빛을 보면 생각나는 건
정열적인 아빠의 모습

환한 달빛을 보면 떠올리는 건
웃음 띤 아빠의 얼굴

아빠의 등을 보면
옛날 옛날 업혔던
그날이 생각난다

내가
아직 아빠랑 함께 있는 걸 좋아하나봐
아빠의 등에 업히고 싶나봐
붉게 물든 나의 얼굴

아빠가 보내준 사랑한다는 편지
나도 모르게 흐르는 눈물
난 이제 어린애가 아닌가봐.

아빠는 멋쟁이

화사아 조 강우영 집사
딸 강명지

세상에서 제일 사랑하는 아빠!

편지 보내 주신 것 잘 받았어요. 편지 받고 얼마나 기뻤는지 몰라요. 저와 동생을 위해 힘드신 중에도 매일 아침마다 우리 집 기둥 역할을 하러 출근하시지요? 아빠는 세상에서 가장 멋진 기둥, 우리 가족이라는 건축물의 기둥이라고 생각합니다. 아름다운 건축물을 만들려고 노력하는 아빠 모습이 너무나 자랑스럽답니다.

아빠! 제가 ≪열세 살 키라≫를 읽고, 습관이 돈과 함께 얼마나 중요한 것인가를 깊이 깨닫게 되었어요. 그래서 카드 한 장에 교훈 하나씩을 적은 다음, 매일 한 장의 카드에 집중하여 그 교훈이 내게 어떤 의미를 주려 하는지 생각하여 기록하고 있어요. 그런데 아빠! 아버지학교에서 보내온 아빠의 편지를 받고 카드의 교훈보다 더욱 소중한 아빠의 사랑을 읽을 수 있었어요. 또한 아빠는 저의 가장 절친한 친구라고 믿어졌어요.

아빠가 항상 저에게 힘과 용기를 불어넣어주는 친구 같고 듬직한 아빠인 것이 참 좋아요. 아빠는 편지를 통하여 이렇게 말씀하셨어요. "나의 사랑하는 딸아! 나는 너에게 아빠의 경험담을 기초로 진실한 충고를 아낌없이 주고 싶단다. 네가 어떠한 사람이 되든 아빠는 실망하지 않는단다. 네가 어떠한 사람이 되어야 한다는 그러한 욕심도 아빠에겐 없단다. 너의 모습을 미리 헤아려 보고픈 바람도 아빠는 가지고 있지 않단다. 그저 너의 그대로의 모습을 발견하고 감사할 뿐."

이 글을 쓰면서도 항상 저에게 사랑을 주시는 아빠 모습이 눈에 선합니다. 나를 사랑하고 힘이 되어주시는 아빠를 사랑합니다.

사랑하는 아빠! 저 때문에 힘들었던 일 다 잊어버리시고 기쁜 일만 생각해 주세요. 저는 아빠에게 든든한 딸 강명지가 되겠습니다. 아빠가 아버지학교를 통하여 더 좋은 아빠가 되려고 노력하는 모습을 보여 주셔서 감사합니다. 저도 동생과 함께 아빠와 같이 노력하는 자녀가 되겠습니다.

아빠의 눈에 항상 제 모습이 담겨 있듯이, 제 눈에도 늘 아빠의 멋진 모습이 담겨져 있답니다. 아빠, 사랑해요. 그리고 너무 너무 고맙습니다!

세상에서 아빠를 제일 사랑하는 딸 명지 올림

아빠가 달라졌어요!

좋아방 조 김송암 집사
딸 김주혜, 김혜민

우리 아빠는 자녀를 어떤 상황에서도 긍정적으로 이해하시는 분입니다. 사실 우리도 아빠께서 아버지학교를 수료하시기 전까지는 성격과 세대 차이의 벽으로 많은 내적 갈등을 겪었어요.

아빠는 갓난아기 때 아버지를 일찍 여의신 때문인지 가정 내 아버지 역할에 대해 잘 모르셨고, 또한 역할을 감당해 내기가 어려우셨던 것 같아요. 가부장적이고 보수적이셔서 우리를 이해하려 하지 않고 언제나 아빠가 생각하신 대로 이행하려고 하셨어요. 또한 다혈질이신지라 사소한 것에도 화를 잘 내셨지요. 그런 아빠의 모습이 우리에겐 불만이었지요.

그러던 어느 날 아빠가 아버지학교에 입학했다고 하셨어요. 그 말씀을 들은 우린 솔직히 별로 기대한 것이 없었어요.

오랜 세월 동안 아빠의 패턴으로 살아왔는데 한 프로그램에의 참여로 쉽게 바뀔 수 있다고 생각지 않았기 때문이죠. 아빠는 아버지학교에서 내주는 숙제를 다 하려고 노력하는 모습을 보이고, 평일에 하는 프로그램임에도 불구하고 일하면서도 열심히 참여하셨어요. 하지만 크게 달라졌다는 느낌을 받을 건 훨씬 후의 일이에요.

아버지학교를 졸업한 지금 아빠는 예전 모습과는 많이 달라지셨답니다. 아버지학교를 통해 아버지의 역할에 대하여 많이 배우신 것 같아요. 예전과 달리 아빠 뜻대로만 우리를 강요하지 않으시고 우리 뜻을 존중하고 이해하려고 노력하시는 모습에 큰 감동을 받았어요.

예전 같았으면 화내셨을 일도 웃어넘기시고 긍정적으로 받아들이세요. 우리가 이유를 말하지 않고 짜증을 냈을 때도 웃으시면서 "안 좋은 일이 있었나보구나~" 하시며 다독여 주시고요.

빼놓을 수 없는 건 아버지학교 숙제라며 우리에게 보내신 아빠의 편지를 읽고, 우리가 생각했던 것보다 훨씬 많이 우리를 사랑하신다는 걸 깨닫게 되었다는 거에요. 그러다보니 우리도 부모님의 의견을 존중하며 스스로 변하는 모습을 발견하게 되더군요. 아빠는 아버지학교가 끝난 지금까지도 그때의 마음가짐을 지키려고 노력하신답니다.

일하시느라 힘든 가운데서도 주님 일에 헌신하고자 힘쓰시는 아빠의 모습에 우린 큰 도전과 은혜를 받게 됩니다. 아빠의 변화로 인해 우리 집 분위기는 사랑이 넘치게 되었어요. 작은 프로그램으로 인해 한 가정이 달라져 이렇게 변화되리라고는 우리는 상상하지 못했어요.

이 모든 것을 계획하시고 이끌어주신 하나님과 목사님께 큰 감사를 드립니다. 더 많은 가정들이 우리 가정과 같이 아버지학교 은혜의 물결에 변화되길 바랍니다.

당신이 아름다워요

젊은 아버지들 조 안승진 집사
아내 신예숙 집사

아버지학교가 개강한다는 소식에 기쁨과 기대로 가득 차서 세상일을 줄여가며 준비하는 남편 모습이 참으로 보기 좋았습니다. 하나님 앞에서 기쁨의 사람이 되고자, 아버지다운 아버지가 되고자, 좋은 남편이 되고자 하는 간절한 바람을 갖고 있던 남편은 아버지학교의 출석을 우선하여 모든 일들을 처리해 갔습니다.

아버지학교의 수료식 날 아내들을 초대하여 세족식을 하고 간증하는 시간이 있다고 전하면서 자신이 아버지학교에 다니기 이전과 이후의 달라진 모습을 묻더군요. 달라진 것이 없다는 나의 대답에 재차 묻기를 여러 번, 변함없는 내 답변에 "이게 아닌데" 하는 당황한 모습을 보이며 남편은 집을 나섰습니다.

왜 달라진 게 없겠습니까? 그토록 사모하며 열심을 다했는데요. 사람들은 저마다의 삶 속에서 상처투성이가 되어 신음하며 살아왔겠지만, 모태에서부터 이 시간까지 살아오는 여정 속에서 유난히 많은 상처로 힘겹게 살아온 남편이었습니다. 고통스럽고 힘겨운 삶이 자신의 상처 때문이라는 것을 모른 채 살아야 했던 날들은 흐르는 시간 속에서 그저 원망하고 한숨 지으며 살아왔지만, 모든 근본 원인이 어린 시절 받은 상처 때문이라는 것을 알고 난 후 남편은 내적 치유에 관한 한 무엇보다 열심이었습니다.

아버지학교에서 매주 내주는 숙제는 나와 아이들에게 기쁨이었고 일주일 내내 웃음을 만들어냈습니다. "숙제 언제 할 거야?" "숙제하러 가자"(어디로? 영화관으로) "그거 이번 주 숙제하는 거지?" 이런 말들은 서로 웃음을 터트리기에 충분했죠. 너무 즐겁고 감동이 있는 숙제였습니다.

그리고 아버지학교 다녀와서 빠트리지 않는 이야기 중 하나는 '저녁 식사 메뉴'였습니다. 집사님들의 음식 솜씨 자랑이 대단했습니다. 너무나 맛있고 항상 새로운 메뉴가 궁금해서라도 빠질 수가 없다더군요.

아버지학교를 통해 상처를 치유받고, 자신의 사명을 발견하며 하나님을 섬기는 일을 우선순위로 살려고 노력하며, 출퇴근길에 작은 성경을 지니고 다니며 말씀과 가까이하는 모습이 너무나 아름다웠습니다.

대화의 시간을 많이 갖고 아내와 아이들의 입장에서 생각하며 애쓰는 남편을 보며 아버지학교가 너무나 중요한 역할을 하고 있음을 알았습니다. 어머니의 말씀에 순종하는 아들, 멀리 계신 어머니께 자주 안부 전화하는 아들, 장모님께 어깨 주물러 드리며 마음을 읽어주고 위로해 드리며 "사랑해요, 어머니"를 자주 고백하는 사위, 사소한 일에도 아내의 감정을 읽으며 공유해주는 남편, 아내가 쌓아놓은 설거지를 보면 서둘러 식사하고 얼른 설거지해 주는 남편, 아내와 대화하는 시간을 좋아하는 남편, 아이들의 눈높이에서 생각하고 말하는 아빠, 아이들의 사소한 말에도 탄성을 자아내며 칭찬하는 아빠(오버하는 탄성 소리에 아이들도 함께 오버하며 좋아합니다), 이 정도만 해도 너무나 많은 변화가 있는 거 아닌가요?

  아버지학교를 통해 사명을 발견하고, 비전을 품고 기도하며 노력하는 남편의 모습이 아름답습니다. 가정을 바로 세우기 위해 애쓰는 이 땅의 모든 아버지들! 화이팅입니다!

아버지학교가 일군 가정의 변화

주제아 조 이창호 집사
아내 장덕화 집사

여호와 하나님을 저희 가정의 주인으로 모시고 살아가면서 우리 가정이 작은 천국으로 변화되어 가는 것을 발견하게 되었습니다. 아버지학교를 개강한다는 소식을 듣고 남편의 의사를 불문하고 제가 직접 신청하여 등록했습니다. 우리 가정에 꼭 필요한 프로그램이라 판단했기 때문입니다. 남편 또한 사업장의 불규칙한 근무 시간 때문에 참석하는 것이 어려웠음에도 마다하지 아니하고, 순종하는 마음으로 아버지학교에 기쁘게 등교했습니다.

집에 돌아오면 어린아이처럼 숙제하려고 노력하며 기도하는 모습을 보면서 얼마나 감사했는지요. 시골에 계시는 부모님께도 지난날의 잘못을 돌아보고 어머님께 직접 사과하며 관계를 회복시키는 모습, 저와 아이들에게 숙제를 한다면서 용서를 구하고 직접 행동하며 실천하는 모습을 보면서 아이들과 저는 참 행복을 느꼈습니다.

  가정에 남편 한 사람이 가장으로서의 책임을 올바르게 감당할 때 든든한 울타리가 쳐지게 되고, 그 그늘에서 근심 없이 쉼을 얻게 되는 온 가족은 사랑과 감사를 배워갔습니다. 자신이 가장 좋아하는 운동조차도 줄이고, 더욱 하나님을 경외하며 주님을 닮기 위해 성경 말씀을 읽고 기도하며, 복음을 전하고, 주님을 닮으려고 노력하는 가운데, 아이들에게 관심과 사랑으로 대화하고 칭찬해 주며 아빠의 자리를 든든히 세워가는 모습은 얼마나 멋진지요. 또한 아이들이 지난날의 아빠와의 작은 상처까지도 치유되는 것들을 진심으로 기뻐하며 아빠와 더 가까운 사이로 발전하더군요.

  마지막 날에 초대되어 부부간 서로의 발을 씻겨주는 세족식을 행하며 감동하여 눈물이 흘렀습니다. 감동한 마음으로 지난 20년 동안의 서로의 잘못을 용서하면서 축복 기도를 하게 되었지요. 앞으로의 삶은 더욱 서로 사랑하며 하나님의 영광을 위해 살자고 고백했습니다.

  아버지학교를 인도해 주신 담임목사님께 진심으로 감사 드립니다. 또한, 죄 많고 허물 많은 우리를 자녀 삼아 주시고 살아갈 수 있도록 인도해 주신 하나님께 감사와 영광을 돌려드리며, 화곡동교회 지체로서 우리 가정을 위해 중보 기도해 주시고 봉사하신 모든 분들께 감사 드립니다.

아버지 선언문

아버지 선언문(아버지 십계명)

1. 나는 날마다 하나님 앞에서 신실한 자녀가 되겠습니다.

2. 나는 날마다 아내를 사랑하며 자녀들에게 모범이 되겠습니다.

3. 나는 날마다 부모님께 효도하며 형제간에 우애하겠습니다.

4. 나는 날마다 음란과 탐욕과 거짓과 교만을 버리겠습니다.

5. 나는 날마다 험담하는 말을 하지 않고 칭찬과 격려만 하겠습니다.

6. 나는 날마다 술과 담배를 삼가고 도박과 폭력을 안하겠습니다.

7. 나는 날마다 공정하지 않은 돈을 바라지도 주지도 않겠습니다.

8. 나는 날마다 요행이나 미신을 버리고 성실히 일하겠습니다.

9. 나는 날마다 세상의 소금과 빛이 되어 복음을 전하겠습니다.

10. 나는 날마다 주님으로부터 받은 사명에 충성을 다하겠습니다.

200○년 ○월 ○일
아버지학교 ○기
이름_____

```
판 권
소 유
```

아버지학교 지침서
주님, 제가 아버지입니다

2007년 3월 5일 인쇄
2007년 3월 10일 발행

지은이 | 김의식
발행인 | 이형규
발행처 | 쿰란출판사

주소 | 서울 종로구 이화동 184-3
TEL | 02-745-1007, 745-1301, 747-1212, 743-1300
영업부 | 02-747-1004, FAX / 02-745-8490
본사평생전화번호 | 0502-756-1004
홈페이지 | http://www.qumran.co.kr
E-mail | qumran@hitel.net
　　　　　qumran@paran.com
한글인터넷주소 | 쿰란, 쿰란출판사

등록 | 제1~670호(1988.2.27)

책임교열 | 김향숙

값 8,000 원

ISBN 978-89-5922-344-2 93230

＊ 이 출판물은 저작권법에 의해 보호를 받는 저작물이므로 무단 복제할 수 없습니다.
　 잘못된 책은 교환해 드립니다.